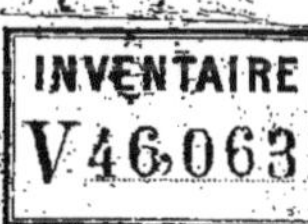

LA VIERGE

ET

LES SAINTS

DE

SAINT-ANTOINE DE PÉROUSE

TABLEAU DE RAPHAEL

APPARTENANT A M. LE DUC DE RIPALDA
ET DÉPOSÉ AU MUSÉE DU LOUVRE

PAR F. MARTEL

PARIS

IMPRIMÉ CHEZ JULES BONAVENTURE
55, QUAI DES GRANDS-AUGUSTINS

1870

LA VIERGE ET LES SAINTS

DE PÉROUSE

TABLEAU DE RAPHAËL

LA VIERGE

ET

LES SAINTS

DE

SAINT-ANTOINE DE PÉROUSE

TABLEAU DE RAPHAËL

APPARTENANT A M. LE DUC DE RIPALDA
ET DÉPOSÉ AU MUSÉE DU LOUVRE

PAR F. MARTEL

PRÉFACE

—

Intéressés, comme tous ceux qui aiment les arts, à l'accroissement des richesses des musées, qui sont les richesses du public, nous avons fait des vœux pour l'acquisition de l'admirable tableau de Raphaël exposé dans le cabinet de M. Reiset et puis dans la salle des batailles du Louvre (1).

Par suite de difficultés d'administration (2), peut-être aussi par la perspective de la guerre, le gouvernement, malgré le désir de tous les hommes compétents, a laissé

---

(1) L'administration du Louvre eut une malheureuse idée en transportant ce tableau du cabinet de M. Reiset, où on pouvait l'examiner de près et à sa véritable lumière, dans cette immense et sombre salle des Batailles, où il disparaissait isolé et accablé par les énormes tableaux de Lebrun, qui pesaient sur lui.

(2) L'administration du Louvre, en s'assurant, par un contrat, le droit éventuel d'acheter ce tableau, avait fait preuve d'une habile prévoyance, mais elle n'avait pas tout prévu. La France venait d'entrer en plein régime parlementaire, et, selon les lois de l'Empire, les Musées n'appartiennent pas à la nation, mais au souverain ; ils ne dépendent pas du gouvernement, mais de la liste civile ; et dans la confusion non encore éclaircie des pouvoirs, ni l'Empereur ne pouvait disposer d'une si forte somme, ni les ministres ne se croyaient autorisés pour demander à la Chambre les moyens d'enrichir les Musées nationaux, dont l'administration, par une étrange anomalie, rentrait directement dans les prérogatives de la liste civile, et non dans les attributions d'un département ministériel.

s'écouler le délai convenu par la surintendance des Beaux-
Arts avec le propriétaire de ce chef-d'œuvre (3).

Ayant suivi avec une attention passionnée la marche de
cette affaire, ayant signalé le mérite de ce tableau quand il
était à Madrid, qu'on ne le connaissait pas en France et que
son propriétaire ne songeait pas encore à s'en défaire, nous
ne jugeons pas inutile de publier les notes que nous avions
recueillies sans autre but que d'éclairer les Chambres si le
gouvernement les avait saisies de cette question.

Nous croyions pouvoir prouver que la surintendance des
Beaux-Arts, en stipulant pour un million l'acquisition de ce
double tableau de Raphaël, ne faisait pas un emploi excessif
des ressources de la France. « Un million, comme disait un
critique distingué, se refait facilement, un chef-d'œuvre de
Raphaël ne se refait pas. » Nous allons donc décrire cette
peinture, constater par les plus compétents témoignages
anciens et modernes son mérite et son authenticité, trans-
crire par ordre de date les articles publiés à ce sujet, discu-
ter, même sous le rapport purement économique, le prix de
ce tableau, comparer son état de conservation avec les
autres du même maître, et par l'examen de tous ces faits et
de tous ces témoignages nous espérons faire partager au
public notre conviction et nos regrets.

----

(3) Par la convention signée à Paris, en janvier 1870, entre M. le
comte de Nieuwerkerke, surintendant des Musées impériaux, et M. le
duc de Ripalda, l'administration des Musées impériaux avait, jusqu'au 1er du mois de juillet, le droit exclusif d'acquérir ledit tableau au
prix d'un million de francs.

I

—

Il n'y a pas un chef-d'œuvre au monde qui ait ses titres plus en règle ; peu sur lesquels on ait tant écrit ; aucun qu'on puisse suivre plus facilement depuis qu'il sortit de la main du peintre jusqu'à nos jours.

Raphaël l'exécuta pour le couvent de Saint-Antoine de Padoue à Pérouse (1) : tous les connaisseurs et les peintres allèrent l'y admirer (2) : là, il demeura exposé à la vénération publique jusqu'à l'année 1678 où il fut vendu avec la permission de l'évêque au comte Bagazzini (3), noble romain, agissant pour lui-même ou comme intermédiaire du prince Colonna. Le fait est qu'il entra presqu'immédiatement dans

---

(1) Voyez Vasari. Tome IV, p. 213. *Vie de Raphaël d'Urbin.*
Rossini. *Storia della pittura italiana,* tome IV, page 55.
Passavant. *Raphaël d'Urbin,* tome Ier, p. 71. — *Idem,* tome II, p. 27.
Gruyer. *Les Vierges de Raphaël,* tome III, p. 461.

(2) Vasari. Tome IV, p. 214.

(3) Passavant. Tome II, n° 25.

cette galerie princière (1). En 1802, ce tableau fut acheté pour le roi des deux Siciles par le chevalier Venuti (2). Transporté dans le palais royal de Naples, il resta dans les appartements particuliers du Roi (3) jusqu'à l'année 1860 où

---

(1) *Catalogo delle pitture delle Gallerie Romane.* Cipollini, 1722. PASSAVANT. *Ibid.*

Il *Mercurio errante delle grandezze di Roma*, di Pietro Rossini anticuario, Roma 1771, page 90, dans le chapitre consacré à la maison Colonna, et qui a pour titre : *Del palazzo del condestabile Colonna duca di Palliano,* énumérant les principaux tableaux de cette galerie, s'exprime en ces termes : « Une fameuse Vierge de Raphaël d'Urbin, très-extraordinaire, avec Notre-Seigneur enfant, avec saint Jean et deux figures de chaque côté de deux saints et deux saintes. Au-dessus, il y a le Père Eternel avec deux anges et deux chérubins. Ce tableau est très-extraordinaire et de la valeur de 12,000 écus. »

Voici le texte italien : « Una famosa Madonna di Raffaelo di Urbino, rarissima, con Nostro Signore bambino, un San Giovanni, e due figure per parte di due santi e due sante. Di sopra vi è il Padre Eterno con due angeli e due cherubini. Questo è un quadro rarissimo, del valore di 12,000 scudi. »

(2) PASSAVANT. Tome II, p. 28.
Nota de, quadri della proprietà particolare di S. M. il Re delle Due Sicilie, 1804. *Idem,* 1817.

Voici les étiquettes du temps existant encore, et qui étaient collées sur le derrière de ces tableaux.

N° 112. *Quadro in tavola denotante una Madonna col Bambino, adorata da quattro Santi di Raffaelo d'Urbino.* Esisteva nella galleria Colonna. Comprato dal cavalier Venuti, par L. M. S. (pour Sa Majesté) dal sig. Alessandro Rey, in Roma, l'anno 1802. Signé : *Marchese Domenico Venuti.*

N° 113. *Quadro in tavola a lunetta con un Padre Eterno e due angioli anche di Raffaello.* Comprato dal cavalier Venuti, per S. M. il Re di Napoli, dal Sig. Alessandro Rey, in Roma, l'anno 1802. Signé : *Marchese Domenico Venuti.*

(3) *Ibid.*

Voir parmi les autres itinéraires et descriptions de Naples, MURRAY, *Handbook for Naples,* 1853, p. 207, dans la description des tableaux du Palais royal de Naples. « The Madonna and Child by Raphaël, a celebrated picture, executed for the convent of St Antonio at Perugia whence it passed to the Colonna palace at Rome, and from thence to Naples. The Virgin and Child are seated on a canopied throne, on the steps of which St John is represented adoring the Infant Saviour who is blessing him. The attendants saints are St Peter, St Paul, St Catherine and either St Rosalie or St Dorothea. The lunette above contains a half figure of the Almighty between two admiring angels... This picture is one of Raphaël's most interesting works, and is celebrated for the gracefulness of the female figures and for the dignity of the

il devint la propriété de M. le duc de Ripalda. Embarqué à Naples sur un bâtiment de guerre espagnol, il demeura dans un salon de la maison du duc, à la rue de la Concepcion Geronima à Madrid (1) et plus tard dans un petit appartement de la rue de la Beneficencia (2) où il resta provisoirement, l'intention de son propriétaire étant de le placer dans le palais dont il terminait la réédification et la restauration à Rome. C'est seulement à la fin de 1869 que le duc, après la révolution d'Espagne, craignant les dangers des émeutes et des incendies, et ayant obtenu l'autorisation du gouvernement impérial, le fit déposer provisoirement au Louvre.

On suit donc sans la moindre intermittence l'histoire et la

---

two apostles. It is supposed to have been painted inmediately after Raphaël's first visit to Florence, and is therefore especially valuable as marking one of the epochs of his life. »

La Vierge et l'Enfant, par Raphaël, un tableau célèbre exécuté pour le couvent de Saint-Antoine à Pérouse, d'où il passa dans le palais Colonna, à Rome, et de là à Naples. La Vierge et l'Enfant sont assis sur un trône surmonté d'un dais : sur les marches de ce trône est représenté saint Jean adorant l'Enfant Sauveur qui le bénit. Les saints présents à cette scène sont saint Pierre, saint Paul, sainte Catherine et sainte Rosalie ou sainte Dorothée. La lunette qui est au-dessus contient une demi-figure du Tout-Puissant entre deux anges qui l'adorent... Ce tableau est une des œuvres les plus intéressantes de Raphaël, et renommé par la grâce des figures des femmes et par la dignité des deux apôtres. On suppose qu'il fut peint immédiatement après la première visite de Raphaël à Florence, et possède, à cause de cela, une valeur particulière comme signalant une des époques de sa vie.

MURRAY, *Handbook for Naples*, 1853, p. 207.

(1) Il était dans cette maison très-bien placé, seul, dans un salon, à côté de la grande bibliothèque, quand nous le vîmes, pour la première fois, en 1862. C'est là qu'alla le voir aussi M. Madrazo, le peintre renommé, qui était alors directeur du Musée royal de Madrid.

(2) C'est dans ce dernier endroit que nous l'avons revu avec grande difficulté en 1867, et que sont allés l'examiner exprès M. Gruyer, l'auteur des Vierges de Raphaël, M. Boxall, directeur de la Galerie nationale de Londres, et M. le comte de Nieuwerkerke, surintendant des Beaux-Arts et du Musée du Louvre. On obtenait alors très-difficilement la permission de voir ce tableau, qui était provisoirement placé dans une petite chambre, attendant l'occasion d'être transporté à Rome.

destinée de cette admirable peinture. C'est un chef-d'œuvre qui est venu jusqu'à nous de la main de Raphaël, s'arrêtant dans quelques endroits seulement. Il est resté cent soixante-treize ans dans le couvent de Saint-Antoine à Pérouse; cent vingt-quatre ans dans la galerie Colonna; cinquante-huit ans dans le palais royal de Naples; neuf ans chez le duc de Ripalda à Madrid avant d'entrer au Louvre qui momentanément le garde (1).

---

(1) Une gravure au trait de ce double tableau, se trouve dans l'*Histoire de l'Art*, de Séroux d'Agincourt, planche CLXXXII.

Ils ont été lithographiés par Deluise, in-fol., et par Ludwig Richter, aussi in-fol.

L'étude pour Dieu le Père, dessin à la plume, d'après le modèle vivant, est à Lille, dans la collection Wicar.

DESCRIPTION DE CETTE PEINTURE.

Elle se compose en réalité de deux tableaux superposés qui se complètent, réunis et séparés à la fois dans le même cadre; le tableau principal et la lunette.

Tableau principal.

Fonds de ciel en dégradation depuis la voûte céleste de la lunette jusqu'au plan lumineux de l'horizon terrestre par un soleil de matin. Dans le lointain des montagnes avec quelques arbres, une maisonnette et une église. On croit que c'est un paysage des environs de Pérouse.

La Vierge est assise sur un trône placé sous un dais au fond de velours cramoisi couvert d'arabesques d'or. Le trône est soutenu par une estrade à deux marches et un gradin de marbre, dont les faces, d'un vert azuré, disparaissent sous des treillages d'or.

La Mère de Dieu est vêtue d'une tunique pourpre; un manteau d'azur très-sombre, pointillé d'or, descend de sa tête sur ses épaules et ses genoux; un voile blanc très-léger entoure son front; le bout du pied gauche s'aperçoit sur l'estrade. De la main droite elle soutient l'Enfant Jésus assis sur son genou, et ses yeux regardent avec tendresse le petit saint Jean, dont elle caresse la tête de la main gauche, et qui, debout sur l'estrade, sa poitrine enveloppée d'une peau d'agneau, ses reins couverts d'une écharpe de pourpre, les bras et les jambes nus, adore les mains jointes le Sauveur, qui se penche pour le bénir.

L'enfant divin est habillé, seul exemple dans les tableaux religieux de Raphaël; mais les nonnes de Saint-Antoine l'exigèrent ainsi, et le peintre a tiré de cette circonstance des effets naïfs et nouveaux. La tunique du Christ est d'un blanc azuré avec le scapulaire de saint Antoine de Padoue sur l'épaule droite; un manteau violet couvre ses genoux.

A droite de la Vierge, se tient debout sainte Catherine d'Alexandrie; on la voit de profil; sa main droite s'appuie sur la roue de son supplice; la gauche, serrée contre son sein, porte la palme du martyre. Les tresses de ses blonds cheveux sont nouées avec une bandelette de lin; le manteau qui l'enveloppe à moitié est vert, et sur sa robe d'un violet sombre se croise une écharpe chatoyante.

A son côté et devant elle, saint Pierre, de face, les pieds nus, habillé d'une tunique bleue verdâtre à ornements d'or et d'un manteau jaune, tient un livre fermé dont il marque les pages avec les mains d'où pendent les clefs symboliques.

A gauche de la Vierge, sainte Dorothée, qui se présente aussi de face, tient de sa main droite la palme du martyre et de la gauche un livre de velours rouge; une couronne de fleurs orne sa tête, et ses cheveux sont noués avec des rubans lilas. Son manteau est blanc; une écharpe violette est serrée autour de sa poitrine et tombe sur sa robe d'un vert émeraude.

A côté de la sainte et sur le premier plan, saint Paul lit attentivement un livre qu'il tient ouvert de ses deux mains, appuyant la droite sur le glaive de la justice. — Sa longue barbe tombe sur sa robe d'un vert sombre ; il est couvert d'un manteau de pourpre bordé d'arabesques d'or, et, comme ceux de saint Pierre, ses pieds sont nus.

Des nimbes d'or entourent les têtes de la Vierge, des saintes et des apôtres : deux cercles concentriques d'or servent d'auréole aux deux enfants.

Le tableau est carré, de mèt. 1.72 sur mèt. 1.72.

Lunette ou Tympan.

Sur la voûte du ciel plane debout le Père Éternel : de sa main droite, il semble bénir le groupe divin du tableau qui est sur la terre : de sa gauche, il soutient un globe d'or, symbole de l'univers ou de l'hostie mystique. Sa tunique est de couleur pourpre; le manteau amaranthe ; sa barbe grise tombe sur sa robe. On le voit jusqu'aux genoux.

Des deux côtés accourent deux chérubins dont on voit seulement les têtes entre les ailes. A droite et à gauche du Tout-Puissant, deux anges sont prosternés dans l'attitude de l'extase et de l'adoration. Celui de droite prie les mains jointes. Sa tête ravissante de fraîcheur et de beauté regarde un peu le monde comme s'il intercédait pour lui. Sa tunique est verte et les manches de sa robe d'un rose irisé.

L'ange de gauche tient les bras croisés sur sa poitrine et regarde en extase le Père Éternel; sa tunique est jaune et les manches de sa robe d'un vert chatoyant.

Tous les deux ont des ailes et des cercles d'or pour auréoles.

Cette lunette mesure mèt. 0.76 de hauteur pour mèt. 1.72 de largeur.

III

—

Texte italien.

Vite de' più eccellenti pittori, scultori ed architetti, scritte da M. Giorgio Vasari. Ediz. di Siena, di Pazzini Carlo. MDCCXCII. *Vita di Raffaelo d'Urbino*. tom V, pag. 249.

Gli fu fatto ancora dipingere nella medesima città dalle nonne di S. Antonio da Padoa in una tavola la nostra Donna e in grembo a quella, siccome piacque a quelle semplici e venerande donne, Gesù Cristo vestito, e dai lati di essa Madonna S. Pietro, S. Paolo, S. Cecilia e S. Caterina, alle quali due Sante Vergini fece le più belle e dolci arie di teste e le più varie acconciature di capo, il che fu cosa rara in quei tempi, che si possano vedere; e sopra questa tavola in un mezzo tondo dipinse un Dio Padre bellissimo e nella predella del altare tre storie di figure piccole...; opera certo mirabile, devota e tenuta da quelle donne in gran venerazione e da tutti i pittori molto lodata. Ne tacerò che si conobbe, poi che fu stato a Firenze, che egli variò ed abbellì tanto la maniera, mediante l'aver veduto molte cose e di mano di maestri eccellenti, eh'ella non aveva che fare alcuna cosa con quelle prima, se non come fussero di mani di diversi e più e meno eccellenti nella pittura.

Traduction.

Vie des peintres par Vasari. Traduction française par Léopold Léclanché. Paris, Just Tessier, éd., 1841.

Tome IV. pag. 213. *Vie de Raphaël d'Urbin, — Raphaël, seconde manière.*

Enfin les religieuses de Saint-Antoine de Padoue, à Pérouse, lui commandèrent une Vierge tenant son fils habillé, (ce que Raphaël fit pour se conformer au vœu pudique de ces chastes et vénérables filles). D'un côté, se trouvent saint Pierre, et saint Paul de l'autre, avec sainte Cécile et sainte Catherine dont les têtes d'un caractère plein de douceur et de pureté et le bel ajustement furent regardés comme quelque chose d'entièrement nouveau.

Au dessus de ce tableau un cadre demi-circulaire renfermait la figure du Père Eternel, et le gradin du rétable de l'autel était orné de trois petits sujets... Ce chef-d'œuvre est vénéré par les religieuses de Saint-Antoine et admiré par tous les peintres.

Nous devons remarquer ici que ce fut après avoir vu et étudié les œuvres des plus grands maîtres à Florence que Raphaël changea et embellit tellement sa manière, que dès lors ses productions semblèrent appartenir à plusieurs artistes habiles, mais dont les uns surpasseraient beaucoup les autres en talent et en perfection.

IV

—

Rossini. *Storia della Pittura Italiana,* tomo iv, capitulo XVII, p. 55. Raffaelo a Firenze MDVI à MDVIII.

Dopo aver descritta la Deposizione dalla Croce della galleria Borghese, aggiunge ;

« E di questo anno e non prima deve essere il quadro per le monache di S. Antonio, di cui scrisse il Vasari « essere il Dio Padre bellissimo..... e l'opera certo mirabile..... e da tutti i pittori lodata ». Per gran tempo si è creduto che perduta fosse questa opera singolare, della quale si commendarono le arie delle teste belle e dolci e le varie acconciature di capo di Santa Margherita (1) et d Santa Caterina, cosa rara in quei tempi.

E non meno lodati furono i quadretti del gradino che andarono dispersi.....

La tavola, in ottimo stato di conservazione, adorna il Real Palagio di Napoli, non il Museo Borbonico, come altri scrisse. Ignorasi la sua provenienza. Chi dice della famiglia Colonna di Roma, chi lo crede venuto di Spagna con Carlo III.

---

(1) Non Santa Cecilia, come dice erroneamente il Vasari.

Traduction.

Histoire de la peinture Italienne, par Rossini, tome IV, pag. 55. Chap. XXII. — Raphaël à Florence MDVI à MDVIII.

Après avoir décrit la Déposition de la Croix de la galerie Borghèse, il ajoute :

« Et de cette année, et non antérieur, doit être le tableau fait pour les religieuses de Saint-Antoine de Padoue, au sujet duquel, écrivit le Vasari....., que Dieu le Père était excessivement beau....., et l'œuvre certainement admirable....., et louée par tous les peintres ». Pendant longtemps on a cru perdue cette œuvre extraordinaire, dont on avait vanté le mouvement des têtes belles et douces, et les coiffures de sainte Marguerite (1) et de sainte Catherine, chose extraordinaire dans cette époque.

Et on ne loua pas moins les petits tableaux du gradin, qui furent dispersés.

Le tableau, dans le meilleur état de conservation, orne le Palais royal de Naples, non le Musée Bourbonien, comme on a dit. On ignore sa provenance. Quelques-uns disent de la famille Colonna de Rome, d'autres croient qu'il est venu d'Espagne avec Charles III.

---

(1) Non Sainte Cécile, comme assure par erreur Vasari.

V

—

PASSAVANT. — *Raphaël d'Urbin.* Éd. de 1860, tome 1er, pag. 71.

Après que Raphaël eût passé à Florence une partie des années 1504 et 1505, occupé soit à ses études, soit à ses tableaux, diverses commandes l'obligèrent de retourner à Pérouse. Il paraît qu'il avait commencé déjà antérieurement un grand tableau d'autel pour les nonnes de saint Antoine de Padoue, car, dans cette peinture, on remarque des manières très-différentes; certaines figures, principalement le saint Pierre et le saint Paul, rappellent le Couronnement de la Vierge; les tons vigoureux de quelques draperies rappellent le Sposalizio, tandis que sainte Catherine et sainte Dorothée montrent le nouveau style acquis à Florence. Selon Vasari, les nonnes avaient exigé que l'enfant Jésus, qui donne la bénédiction au petit saint Jean, fût vêtu.

Le tableau principal, surmonté d'un panneau cintré ou lunette avec le Père Eternel et deux anges, est actuellement au Palais royal à Naples.

Puis, dans le tome II, n° 25, pag. 27 :

Tableau d'autel pour le monastère de Saint-Antoine de Padoue à Pérouse.

Raphaël peignit un tableau avec un tympan *(lunetta)* et un gradin d'autel *(predella)* à cinq sujets pour les religieuses de ce couvent. Il avait entrepris déjà ces ouvrages en 1504 avant son voyage d'Urbin, mais il ne les termina qu'à son retour à Pérouse, comme nous le démontrerons plus loin.

Tableau principal.

Sur bois; presque carré; figures 2/3 de nature.

La Vierge, assise sur un trône richement orné et élevé de quelques marches, tient l'Enfant Jésus sur son genou droit ; celui-ci porte un vêtement blanc, à ornements verts et rouges, avec un manteau violet. De la main droite, il bénit le petit saint Jean, qui s'approche en adoration. Près du trône, se tiennent debout sainte Catherine à gauche, vue de profil, et sainte Dorothée à droite, toutes deux ayant en main des palmes, symboles de leur martyre. Sur le devant se trouve d'un côté saint Pierre, et saint Paul de l'autre. On entrevoit un paysage qui forme le fond de chaque côté du trône. Le ton de cette peinture est puissant et souvent brun dans les ombres; la carnation des femmes et des enfants est cependant très claire. La tête de saint Pierre rappelle celle du même apôtre dans le tableau du Couronnement de la Vierge : celle de saint Paul est très-coloriée et brune dans les ombres. Le manteau bleu foncé de la Vierge est parsemé de points d'or dans le goût antique. En général les bordures des vêtements sont très-richement ornementées à l'instar du Pinturichio. La Vierge et l'Enfant, tous deux ravissants de douceur dans l'expression, tiennent encore à la première manière de Raphaël, tandis que les deux saintes trahissent déjà l'influence florentine, autant par la forme des têtes que par le mouvement des mains. Le ciel et le paysage sont d'un ton un peu noir, mais tempéré.

Le Tympan.

Il représente le Père Éternel vu à mi-corps, ayant le globe terrestre dans la main gauche, avec deux anges à ses côtés, et au-dessus, dans le firmament, deux têtes de chérubins. Ce tableau, qui rentre bien plus dans la manière du Pérugin, est moins brun de ton que le tableau principal, avant lequel il a dû être terminé.

V]

DESCRIPTION DE M. GRUYER.

—

Les Vierges de Raphaël par F. A. Gruyer. — Paris,
Renouard, 1869. — Tome III, pag. 461. *La Vierge du mo-*
nastère de Saint-Antoine de Padoue, à Pérouse. (Chez le
comte Bermudez, à Madrid).

Au commencement de l'année 1504, Raphaël venait de
commencer une Vierge glorieuse pour les religieuses du
couvent de Saint-Antoine de Padoue, à Pérouse, lorsqu'il se
sentit invinciblement attiré en Toscane. Il n'était bruit alors
autour de lui que des merveilles peintes par les maîtres florentins et surtout par Léonard. On parlait partout avec
enthousiasme du portrait de Mona Lisa, des cartons de la
Sainte-Famille et de la bataille d'Anghiari. Raphaël, muni
de la lettre si connue de Joanna della Rovere pour Pietro
Söderini, quitta précipitamment Pérouse, et dans la ferveur
de son premier enthousiasme, oublia bien vite les travaux
qu'il avait entrepris auprès du Pérugin. Cependant, en 1505,
lorsqu'il eut cédé aux sollicitations des Ansidei, il revint
également au tableau du couvent de Saint-Antoine, et après
l'avoir conçu dans la manière de Pietro Vanucci, il le termina
selon l'esprit nouveau qu'il rapportait de Florence.

On peut donc assigner la même date à la Vierge des Ansidei
et à celle des religieuses de Saint-Antoine. Si la Vierge des

Ansidei a été commencée la dernière, elle a dû être cependant terminée avant l'autre ; voilà pourquoi nous avons cru devoir l'étudier d'abord. Au moment où Raphaël, après une absence de moins d'une année, revenait à Pérouse, la Vierge de Blenheim, faite d'un seul jet, fut comme la manifestation d'un génie nouveau qui, sans s'annoncer avec fracas, se produisait avec autorité. La Vierge du couvent de Saint-Antoine qui, par quelques côtés, tient de plus près aux données de l'ancienne-école, tend en même temps par certains aspects à rompre plus ouvertement encore avec les errements péruginesques. Ce tableau n'a pas l'unité du précédent ; il accuse une divergence notable entre l'idée qui en a inspiré le commencement et la manière de voir qui a dirigé l'exécution finale. De là, sans désaccord marqué entre les parties, une sorte d'indécision répandue sur l'œuvre entière. Cette peinture est à la fois plus primitive et plus avancée que la précédente, plus naïve, et d'un parti pris plus décidé de rénovation.

L'Enfant Jésus, sur les genoux de sa mère, bénit le petit saint Jean. C'est la scène familière que Raphaël nous a montrée tant de fois déjà et sous tant d'aspects divers. Mais la présence des témoins, ainsi que la solennité des accessoires, donnent à ce sujet le caractère de la grandeur et de la perpétuité. Saint Pierre et saint Paul, sainte Catherine d'Alexandrie et sainte Dorothée, se tiennent debout, groupés symétriquement, deux par deux, de chaque côté du trône de Marie (1). Ce trône, fait de marbre blanc, est exhaussé de trois degrés, dont les parois verticales sont plaquées de lapis et incrustées d'arabesques d'or. Deux pilastres, reliés au siège par des volutes, encadrent le dossier, sur lequel pend une riche étoffe rouge brodée d'or. Un baldaquin circulaire couronne cet appareil que complètent deux rideaux de cou-

---

(1) Saint Pierre est sur le premier plan, à gauche du spectateur (à la droite de la Vierge), et sainte Catherine d'Alexandrie est derrière lui. Saint Paul et sainte Dorothée leur répondent de l'autre côté. (*Note de l'auteur.*

leur sombre. De chaque côté s'étendent des perspectives aériennes éclairées d'une lumière limpide et bleue. On aperçoit au loin quelques fabriques, une église assise au faîte d'une colline, et à l'horizon de hautes montagnes qui montent jusqu'au ciel. L'homme voit ainsi, à côté de l'image sensible des mystères de sa foi, l'air, la lumière, la nature riante et parée dans sa calme sérénité, tout ce qui peut, dans le courant de la vie universelle, incliner son âme vers l'éternité (1).

La Vierge, assise en face du spectateur, soutient de la main droite l'Enfant Jésus, et de la main gauche attire à elle le petit saint Jean. La tête, penchée sur l'épaule gauche, est vue de trois quarts à droite. Le front est à moitié couvert par un voile transparent jeté sur les cheveux arrangés en bandeaux (2). Les yeux, abaissés sur saint Jean, sont caressants et bons. Le nez, droit et fin, est peut-être un peu long, sans rien cependant qui contrarie l'harmonie du visage. La bouche, bien franche de sentiment, est charmante, mais d'une petitesse peut-être exagérée. Les joues, sans être massives, respirent la santé. Le menton est plein. La coloration du visage est fraîche, d'un ton clair et limpide, moins forte que dans le tableau des Ansidei, et assez voisine encore de la coloration des Vierges de Pietro Vanucci. La structure du crâne a également quelque analogie avec la construction des têtes péruginesques, mais les traits ont dans leur ensemble une accentuation qui ne relève que de Raphaël. La physionomie

---

(1) Dans un tympan demi-circulaire qui surmonte le tableau, Dieu le Père paraît à mi-corps, bénissant le monde de la main droite et tenant de la gauche le globe terrestre. Il est vêtu d'une tunique violette et d'un manteau rouge. Deux anges sont à ses côtés. L'ange de gauche a une robe rose à reflets jaunes, et une longue tunique flottante verte. L'ange de droite est vêtu d'une robe vert-clair à reflets jaunes et d'une tunique jaune. Dans les ailes, c'est la couleur verte qui domine. L'ange de droite surtout est très-beau. Deux chérubins accompagnent ces deux anges. On voit à Lille, au musée Wicar, une étude à la plume, faite d'après nature, pour le Père éternel. (*Note de l'auteur.*)

(2) Les cheveux sont ici un peu plus foncés qu'ils ne le sont d'ordinaire; ils ont en outre des reflets très-chauds, visant presqu'au noir.

respire une bonté calme et pure que Raphaël seul a su rendre à ce degré. Le cou est modelé avec délicatesse. Le voile qui descend le long des joues forme sur le cou une frange lumineuse qui vient s'éteindre sous le manteau. Ce manteau, d'un bleu très-foncé, presque noir, est semé d'une multitude de petites paillettes d'or : ramené sur la tête, il couvre les cheveux, enveloppe les épaules et les bras, laisse voir seulement le corsage rouge de la robe (1), tombe sur les jambes, et ne découvre que le bout du pied gauche, chaussé de velours bleu clair. Cette Vierge, si profondément humble dans sa gloire, tient par des liens étroits aux traditions ombriennes, et démontre en même temps la vivacité d'un esprit nouveau. Elle doit avoir été peinte avant le départ de Raphaël pour Florence ; et il est vraisemblable aussi que Raphaël, après son premier séjour dans cette ville, aura repris cette figure pour lui donner l'expression particulière, intime et toute personnelle, reflet de la vie nouvelle et radieuse qui s'ouvrait alors devant lui.

L'Enfant Jésus appartient à la même époque, ou plutôt aux deux mêmes époques successives de la vie du maître. Les bonnes religieuses du couvent de Saint-Antoine avaient poussé le scrupule jusqu'à vouloir que leur *Bambino* fût complétement vêtu. Raphaël a dû se soumettre à cette exigence et abandonner la convention pittoresque, qui avait permis à la plus haute antiquité chrétienne comme à la grande Renaissance, de montrer l'Enfant nu dans les bras de sa Mère. L'Enfant Jésus est habillé d'une robe bleu clair très-pâle, bordée aux poignets d'un ruban bleu foncé, attachée à la taille par une ceinture brune, et ornée d'une pièce de couleur rouge sur l'épaule droite : un petit manteau d'un bleu très-intense est jeté sur les jambes. Assis sur les genoux de la Vierge (2), le *Bambino* tient de la main gauche un pan de

---

(1) Cette robe est attachée à la taille par une ceinture noire. Le corsage est bordé de noir et rehaussé d'une broderie d'or. (*Note de l'auteur.*)

(2) Le Sauveur est assis sur le genou droit de sa Mère, et ses deux pieds sont appuyés sur le genou gauche de la Vierge. (*Note de l'auteur.*)

la draperie qui le couvre, et de la main droite bénit le précurseur. Sa tête, couverte de cheveux blonds, est vue de trois quarts à droite; elle est selon la nature, et en même temps elle est divine. L'oreille est un peu grande, ainsi qu'il arrive d'ordinaire à cet âge, où les formes sont pour ainsi dire en train de naître ; le nez est rudimentaire comme celui des enfants ; la plénitude des joues et du cou, ainsi que le double menton, relèvent aussi du fait matériel et presque vulgaire. Mais la physionomie est ravissante, et fait penser de suite au Verbe divin. Les yeux, doux et pénétrants, se fixent avec complaisance sur le petit saint Jean, et la bouche exprime à la fois la bonté et l'autorité. Une gravité naïve et solennelle est répandue sur cet enfant, qui, sans être encore un Dieu, éveille en nous l'idée de la divinité. Ses traits, d'ailleurs, se rapprochent sensiblement des traits de la Vierge ; ils les rappellent sans les reproduire, et les répètent avec plus de puissance. Cette figure est d'apparence primitive ; mais on voit briller en elle l'esprit nouveau, et si l'on se retourne encore un moment vers Pérugin, c'est pour ne plus songer bientôt qu'à Raphaël.

Le petit saint Jean-Baptiste fait songer également aux conceptions de Pietro Vanucci, et présente les mêmes qualités originales toutes personnelles au Sanzio. Raphaël seul a pu tirer, d'une nature qui semble en quelque sorte sommeiller encore, l'idée fervente qui émeut et subjugue. Le jeune précurseur, vêtu d'une peau d'agneau et d'une draperie rouge qui ceint les reins et tombe sur les cuisses, s'avance avec amour vers Jésus. Les mains jointes et le corps penché en avant, il s'abandonne avec bonheur aux caresses de la Vierge (1). La complexion de cet enfant est vigoureuse et plus humaine encore que celle du Sauveur ; ses cheveux sont plus colorés, sa carnation est plus chaude et son teint déjà plus hâlé. Ses yeux, brillants d'ardeur et attachés aux yeux

---

(1) La tête est vue de trois quarts à gauche. Le poids du corps porte sur la jambe droite ; la jambe gauche, ramenée en arrière, ne touche à la dernière marche du trône que par l'extrémité du pied. (*Note de l'auteur.*)

de Jésus, sont ravis de l'image divine. La bouche voudrait parler et s'arrête immobile. De la tête aux pieds, cette petite figure prie. C'est une action de grâces qui répond à une bénédiction. Les trois personnages de la Vierge, de l'Enfant Jésus et du petit saint Jean-Baptiste, sont comme isolés dans une harmonie supérieure au milieu de cette peinture : ils se suffisent à eux-mêmes et forment à eux seuls tout un tableau. La Vierge-Mère et le Verbe fait chair, du haut de leur trône, rayonnent sur toute la création. Raphaël, après avoir conçu et exécuté presque complétement cette partie de son œuvre avec les seules indications de l'enseignement ombrien, y est revenu sans doute après s'être une première fois trempé aux sources florentines ; il lui a donné alors quelque chose de plus vif au point de vue de la nature, et de plus pénétrant au point de vue de la grâce.

Les quatre Saints témoins de la gloire de la Vierge révèlent plus directement encore les progrès que Raphaël avait faits de 1504 à 1505. Nous croyons même que ces personnages appartiennent exclusivement à cette dernière année, et nous trouvons qu'ils dénotent un art plus avancé que les figures correspondantes dans le tableau de la famille Ansidei.

Saint Pierre, vêtu d'une tunique bleue brodée d'or et d'un manteau jaune (1), est debout, à gauche du trône de Marie. Son corps est de trois-quarts à droite, tandis que sa tête, vivement tournée vers le spectateur, est presque de face, ou plutôt de trois-quarts, à gauche. Ses cheveux sont blancs et rares, et sa barbe abondante est également blanche. Son regard est fixe, ardent, très-ferme. La bouche exprime une autorité calme et sans violence. Toute la figure est fière, vraiment royale, de cette royauté spirituelle instituée par Dieu même. Saint Pierre a rejeté la tendresse naturelle qui le por-

---

(1) Ce manteau tombe de l'épaule droite jusque sur l'avant-bras droit sur lequel on voit la manche bleue de la tunique ; il découvre également la poitrine et le bras gauche, et se drape ensuite sur la partie inférieure de la figure. La couleur jaune du manteau et la couleur bleue de la tunique forment ensemble un bel accord. (*Note de l'auteur.*)

tait jadis vers Jésus triomphant, pour ne conserver que cet amour plus fort et plus vigoureux qui lui permit plus tard de suivre son maître jusque sur la croix. Désormais le prince des apôtres peut dire avec saint Paul : « Si nous avons connu Jésus-Christ selon la chair, maintenant nous ne le connaissons plus ainsi (1). » Enveloppé dans la gloire de la Vierge, il montre « un amour que la chair et le sang ne peuvent inspirer, » et, en proclamant les grandeurs de Dieu, il confesse les mystères du Verbe fait homme, c'est-à-dire « les mystères d'un Dieu abaissé (2). » C'est ainsi que Raphaël a compris saint Pierre, transfiguré, rendu savant par ses égarements mêmes. Il tient de ses deux mains un livre, l'Évangile ou les Actes, et semble dire en nous regardant : « Que toute la maison d'Israël sache donc certainement que Dieu a fait Seigneur et Christ ce Jésus que vous avez crucifié » (3). Si cette figure rappelle encore le saint Pierre du Couronnement de la Vierge de l'église des Franciscains (4), c'est de bien loin déjà, et seulement pour qu'on puisse mieux mesurer la distance parcourue par Raphaël de 1503 à 1505.

Derrière saint Pierre est sainte Catherine d'Alexandrie, vêtue d'une robe violette et d'un manteau vert (5). Elle porte une palme de la main gauche, et appuie la main droite sur la roue qui refusa de déchirer son corps. Sa tête, vue de profil à droite, dessine franchement l'ovale qu'affecteront désor-

---

(1) *Et si cognovimus secundum carnem Christum, sed nunc jam non novimus.* (II, Cor., v. 16.)   (*Note de l'auteur.*)

(2) Bossuet. *Panégyrique de Saint Pierre,* t. XVI, p. 237. (*Note de l'auteur.*)

(3) *Certissime sciat ergo omnis domus Israel quia Dominum eum et Christum fecit Deus hunc Jesum quem vos crucifixistis.* (*Note de l'auteur.*)

(4) Voir t. II, p. 564 de l'ouvrage.   (*Note de l'auteur.*)

(5) Cette robe, bordée de noir au haut du corsage et retenue à la taille par une ceinture noire, découvre à la hauteur du cou un peu de la chemise blanche. (La même remarque de toilette est à noter pour la Vierge.) Les manches à crevés laissent paraître aussi des bouffants de linge blanc. Le manteau est jeté sur le bras gauche et enveloppe le bas de la figure. (*Note de l'auteur.*)

mais les têtes florentines adoptées par Raphaël. Nul doute n'est possible sur les principes qui ont présidé à l'exécution de cette figure. Les traits ont une ravissante douceur; l'œil abaissé sur l'Enfant Jésus, est rempli de tendresse; la bouche est émue; le menton, peut-être trop arrondi, produit une petite moue, sans laquelle le profil serait tout à fait beau. L'arrangement de la chevelure blonde est d'une grande élégance : de doubles nattes partent des tempes, couvrent l'oreille et vont se perdre dans la masse des cheveux; une autre natte plus fine couronne le front, forme comme un diadème et vient se nouer au sommet de la tête; enfin, une écharpe légère et blanche passe des cheveux sur les épaules et entoure la poitrine, où elle se colore d'une nuance rosée, délicate et tendre. On reconnaît là certaines combinaisons particulières à l'école de Pérouse, mais on remarque en même temps une indépendance et une variété par lesquelles Raphaël, tout en se conformant à la tradition, montre avec évidence un goût personnel et original. Cinq ou six ans auparavant, vers 1499 ou 1500, Raphaël, âgé seulement de seize à dix-sept ans, suivant alors avec la plus entière docilité les exemples de son maître, s'était essayé déjà en présence de sainte Catherine d'Alexandrie. Il l'avait représentée sur un petit panneau qui servait de volet à une Madone de Pérugin, et dans cette peinture, il avait mis sa candeur et sa pureté natives (1). Cette première peinture n'est presqu'en apparence qu'une simple copie; en y regardant de plus près, on distingue le germe des qualités exquises qui caractériseront bientôt le plus grand des peintres. Il n'est pas jusqu'au paysage qui forme le fond de ce naïf tableau, où l'on n'entende déjà le prélude des plus suaves mélodies. Lorsque, en 1505, Raphaël revient vers la même figure, il y apporte, non plus seulement des promesses d'avenir, mais l'abondante moisson d'enseignements multiples fondus déjà dans une harmonie supérieure. Ce n'est pas

---

(1) Raphaël avait peint sainte Marie-Madeleine sur l'autre volet. Ces deux tableaux faisaient partie de la galerie Camuccini, à Rome.

(Note de l'auteur.)

encore, il est vrai, la perfection : Raphaël s'élèvera plus haut dans la sainte Catherine de la galerie Aldovrandini (1), et surtout dans la composition des Cinq Saints (2). La sainte Catherine des religieuses de Saint-Antoine n'en est pas moins une figure dont la beauté pittoresque et la beauté morale sont en parfait accord. Cette fille de dix-huit ans, en qui Dieu semble avoir réuni, comme dit Bossuet, « toute la force de son Saint-Esprit, » est là dans la simplicité de son caractère. « Elle a puisé sa science dans l'oraison » (3), et elle a employé cette science, non pour contenter son esprit, mais pour diriger son cœur ; la foi est pour elle « l'appui et le fondement des choses qu'il faut espérer » (4).

Debout, sur le premier plan, de l'autre côté du trône de Marie, saint Paul est absorbé tout entier dans la méditation des Écritures. De la main gauche il tient un livre ouvert (5), qu'il soutient aussi de la main droite, laquelle porte en même temps une longue épée nue, dont la pointe touche à terre. L'apôtre est vêtu d'une tunique de couleur sombre et d'un long manteau rouge brodé d'or qui l'enveloppe presque tout entier. Les pieds, comme ceux de saint Pierre, sont nus. La tête est vue de profil à gauche. Tout le bas du visage est couvert d'une longue barbe qui descend jusque sur la poitrine. Les traits sont beaux et graves. Le front chauve est contracté (6), le regard, abaissé sur le livre, est tendu. On reconnaît l'homme qui a prêché, combattu, gouverné. En voyant l'effort par lequel il aspire vers la vérité, on se rappelle « ces

---

(1) Ce tableau est à la National Gallery. Le carton, qui vaut le tableau, est au Musée du Louvre. *(Note de l'auteur.)*

(2) Ce dessin, dans lequel sainte Catherine paraît aussi, semble appartenir à l'année 1512, *(Note de l'auteur.)*

(3) Bossuet. *Panégyrique de sainte Catherine d'Alexandrie.* *(Note de l'auteur.)*

(4) Hébr., XI, 1. *(Note de l'auteur.)*

(5) Ce livre est relié en rouge avec fermoir de cuivre. *(Note de l'auteur.)*

(6) Une seule mèche de cheveux reste encore au sommet du front. *(Note de l'auteur.)*

faiblesses toutes-puissantes par lesquelles il a établi l'Eglise, renversé la sagesse humaine, et captivé tout entendement sous l'obéissance de Jésus-Christ... » (1). Voilà encore une de ces figures dans lesquelles Raphaël s'est complu, et qu'il a répétées souvent. Saint Paul, sans parler des Tapisseries dans lesquelles il joue un si grand rôle, reparaîtra dans la composition des Cinq Saints et dans le tableau de la Sainte Cécile, en prenant un caractère de grandeur et de force que l'on ne dépassera jamais. Mais ce n'est qu'à Rome, au foyer de toutes les traditions antiques et chrétiennes, que Raphaël pourra concevoir et exécuter de telles choses. A Pérouse, après quelques mois seulement de séjour en Toscane, il est loin de s'élever encore aussi haut : cependant il fait pressentir ce qu'il pourra faire bientôt. « Ce sujet, s'écrie Bossuet en commençant le *Panégyrique de saint Paul*, me paraît si vaste, si relevé, si majestueux, que mon esprit, se trouvant surpris, ne sait ni où s'arrêter dans cette étendue, ni que tenter dans cette hauteur, ni que choisir dans cette abondance..... un ange même ne suffirait pas pour louer cet homme du troisième ciel » (2). Raphaël, lui aussi, a compris l'étendue, l'élévation, la majesté d'une telle figure, et, sans pouvoir en donner du premier coup d'œil l'idée complète, il lui a imprimé tout d'abord ce caractère de vertu plus qu'humaine par laquelle « l'apôtre a assujetti toutes choses » (3).

Sainte Dorothée enfin se tient derrière saint Paul, le corps tourné de trois quarts à gauche vers la Vierge, tandis que la tête est vue en sens inverse de trois quarts à droite. Vêtue d'une robe verte un peu foncée et d'un manteau blanc jeté sur l'épaule gauche (4), elle tient un livre de la main gau-

---

(1) *Placeo mihi in infirmitatibus meis : cum enim infirmor, tum potens sum.* (II, Cor., XII, 10.) — Bossuet. *Panégyrique de saint Paul.* *(Note de l'auteur.)*

(2) Bossuet, t. XVI, p. 259. *(Note de l'auteur.)*

(3) *Ibid.* *(Note de l'auteur.)*

(4) Ce manteau blanc a des reflets jaunes ; il enveloppe le bras gauche, découvre la robe sur la poitrine et sur le bras droit, et cache le bas de la figure. *(Note de l'auteur.)*

che (1), et porte de la main droite la palme de son martyre. Le crâne, ovale et très-développé par le haut, fin et presque trop étroit par la base, est bien florentin. Peut-être même y a-t-il ici un peu d'exagération dans le parti pris de cette structure. Quoique les traits ne soient pas irréprochables, l'ensemble de la physionomie est charmant. Les yeux sont doux ; la bouche est petite, trop petite même ; le menton est trop pointu. Les cheveux blonds sont arrangés en bandeaux qui cachent les oreilles et descendent le long des joues. Une écharpe s'enroule derrière la tête, passe sur les épaules et entoure la poitrine. Une couronne de fleurs enfin complète cette fraîche image et rappelle un détail touchant de la légende. Comme sainte Dorothée marchait radieuse au supplice, en chantant les louanges de son divin époux, un jeune homme (2) la railla et lui demanda où étaient les fleurs que le bien-aimé réservait à sa fiancée. Aussitôt la tête de la jeune fille se para des plus belles fleurs, et d'autres fleurs aussi remplirent les mains du blasphémateur, qui se fit chrétien et mourut bientôt pour sa foi.

Cette peinture est d'une couleur chaude, puissante même, harmonieuse et variée. Les carnations ont conservé leur éclat originel. Le ton des chairs est ce qu'il doit être pour chaque figure, d'une grande fraîcheur pour l'Enfant Jésus, la Vierge et les saintes, plus vif déjà pour le petit saint Jean-Baptiste, et d'une remarquable vigueur pour les deux saints. Dans ce tableau, il faut le répéter, la conception du groupe divin appartient presque aux anciennes écoles; certains détails extérieurs sont primitifs encore, le pointillé d'or sur le manteau bleu de la Vierge, les bordures et les ornements d'or qui rehaussent les vêtements, la manière dont la nature est interprétée dans la Madone et dans les deux enfants; mais, dans cette partie même, le sentiment intérieur est purement raphaëlesque. D'un autre côté, saint Pierre et saint Paul,

---

(1) Ce livre est relié en rouge avec des fermoirs d'or.
(Note de l'auteur.)
(2) Il s'appelait Théophile.

sainte Catherine et sainte Dorothée sont traités, non-seulement selon le style florentin, mais dans le goût particulier d'un des maîtres les plus séduisants de l'école florentine. Raphaël vient de s'éprendre des œuvres précédemment exécutées par Fra Bartolomméo (1), et, de retour à Pérouse, il essaie de s'approprier la couleur souple et le faire un peu heurté de ce maître. Il produit alors ces têtes de saintes et d'apôtres si habilement peintes, ces draperies si savantes et si harmonieuses. Mais, en s'assimilant la substance des peintres voisins, il sait rester lui-même ; et si son pinceau rappelle un pinceau qui n'est pas le sien, c'est par voie de transformation et sans jamais rien contrefaire. Raphaël, en s'assujetissant au style du Frate, ne pouvait guère s'élever plus haut qu'il ne l'a fait dans le saint Pierre et le saint Paul du couvent de Saint-Antoine. Il reprend plus d'indépendance dans les figures de sainte Catherine d'Alexandrie et de sainte Dorothée, et montre ces deux vierges comme en possession du bonheur même des anges. Leur apparence est bien florentine encore, mais sans réminiscence d'aucun genre. Elles entrent franchement et de plein pied dans la voie nouvelle, toute personnelle au Sanzio. Sur ces visages radieux vient se peindre, dans une sorte d'immobilité, cette sécurité qui est la joie de la vertu. Malgré ces nuances diverses, l'unité d'impression demeure, et toutes les différences d'exécution s'effacent sous l'influence de la pensée qui domine l'œuvre entière. Cette pensée est la glorification de la pureté souveraine qui, de la Vierge et de l'Enfant Jésus, rayonne sur toute la création.

---

(1) En 1505, le Frate n'avait pas encore repris ses travaux.
(Note de l'auteur.)

VII

—

Cette grande peinture avait originairement comme support, selon l'usage de l'époque pour les tableaux d'autel de premier ordre, une sorte de gradin appelé predella, qui se composait de cinq petits sujets.

Ils furent vendus par les religieuses de Saint-Antoine de Pérouse à la reine Christine de Suède, en 1663, et, après quelques vicissitudes, se trouvent actuellement dispersés en Angleterre (1).

Premier sujet.

Saint François d'Assises debout; sa tunique est trouée au cœur, il tient des deux mains un livre rouge et une croix. Il est incliné de trois quarts à droite; fond bleu-noir. Il est sous le n° 306, à Dulwich-Gallery, Dulwich-College, près de Londres.

---

(1) Voir la description et le jugement critique de M. Passavant. Tome II, p. 28.

Second sujet.

Saint Antoine de Padoue, debout, tenant un livre vert de la main gauche et une branche de lys de la droite; il est tourné de trois quarts à gauche; fond bleu. N° 307, Dulwich-Gallery.

Troisième sujet.

Le Christ sur le mont des Oliviers. Il était dans la collection Bryan : il fut vendu en 1800. Samuel Rogers l'acquit à la vente de lord Elgin, à Edimbourg. Miss Burdett Coutts l'acheta à la vente Rogers, et elle le possède actuellement.

Quatrième sujet.

Le Portement de la Croix. Il était aussi dans la galerie Bryan. En 1798, il fut vendu à M. Hibbert. Le propriétaire actuel est M. P. H. John Miles, à Leigh Court, près de Bristol.

Cinquième sujet.

Le Christ mort. Il passa de la galerie Bryan dans la galerie Bonnemaison, et puis il devint la propriété du comte Karl von Rechberg, à Munich. Il fit plus tard partie de la collection Lawrence et de celle de M. M. A. Whyte, à Barrowhill. Il est aujourd'hui dans la possession de M. D. H. Dawsen.

Ces trois derniers sujets sont gravés dans le cabinet Crozat, par Couché, et dans la galerie d'Orléans, et par Gruner, Londres, 1849.

VIII

Nous avons publié les appréciations de Vasari et de Rossini, celles de Passavant et de Gruyer, deux maîtres anciens dans l'histoire de la peinture italienne, deux maîtres modernes dans l'histoire des œuvres de Raphaël. Nous croyons devoir publier maintenant ce que les journaux de Paris ont écrit sur le tableau de Pérouse. Une espèce de plébiscite a été ouvert : en exposant le chef-d'œuvre de Raphaël, l'administration du Louvre a voulu faire appel à un jugement public, et dans les journaux de toutes les couleurs consulter tous les suffrages.

On a dit que le gouvernement impérial avait un intérêt particulier à l'acquisition de ce tableau : cela aurait été légitime, mais cela n'était pas exact. Il faut croire qu'il le désirait, puisque le surintendant des Musées et des Beaux-Arts proposait et signait un contrat éventuel d'achat pour une si considérable somme; mais loin de vouloir influencer l'opinion publique, tous les journaux qui passaient pour recevoir des inspirations du gouvernement ont reçu le mot d'ordre et ont été d'accord pour garder le plus profond silence. Le *Journal officiel* qui compte dans son sein un critique aussi compétent que Théophile Gautier, n'annonce même pas l'exposition du chef-d'œuvre de Raphaël au Louvre, tout en consacrant d'excellents articles aux tableaux de Fortuny, à la galerie Lacaze et à la vente San Donato. Le *Constitutionnel* est muet. La *Liberté*, la *Patrie*, le *Pays*, ne contiennent pas une seule ligne à ce sujet. Le *Siècle*, seul, parmi tous les journaux de Paris, de franche opposition à l'acquisition proposée par le Louvre, n'avait pas de raison pour assurer que le gouvernement avait un intérêt à imposer son désir, et pour mêler malencontreusement les haines politiques à une question d'art.

Avec plus d'impartialité, et se plaçant à un point de vue plus élevé et plus serein, tous les autres journaux, légitimistes, orléanistes ou républicains, de l'opposition modérée ou radicale, se sont occupés de cette question pour demander que la Vierge de Pérouse restât définitivement en France. Le *Temps*, l'*Avenir National*, l'*Opinion Nationale*, le *Rappel*, ont publié des articles signés par des autorités telles que Ch. Blanc, l'éminent auteur de l'*Histoire de la Peinture*, René Ménard, Ferdinand de Lasteyrie et Ph. Burty, où, en constatant le mérite du tableau exposé au Louvre, ils engageaient le gouvernement à profiter de l'occasion pour l'acquérir. La *Revue des Deux-Mondes*, le *Correspondant*, la *Chronique des Beaux-Arts*, ces recueils hebdomadaires si justement estimés, et qui traitent d'une manière spéciale et sereine les questions de littérature et d'art, conseillaient dans des articles fortement pensés l'acquisition de ce tableau. M. Vitet, membre de l'Institut, l'écrivain distingué qui se cache sous le nom de Lelius, et M. Émile Galichon, qui a consacré sa vie entière à ces travaux, avaient signé ces études consciencieuses; tandis que d'autres journaux indépendants du gouvernement ou d'une modération systématiquement hostile, tels que le *Journal des Débats* et l'*Univers*, ont examiné à fond la matière, et par des plumes aussi compétentes que celles de John Lemoinne, Ch. Clément et C. Lavergne, se prononçaient ouvertement pour l'achat de ce chef-d'œuvre.

Du reste, voici les articles des journaux, par ordre de date : nos lecteurs jugeront si le verdict de l'opinion publique était ou non complet.

JOURNAL DES DÉBATS.

Paris, 4 février 1870.

Un Raphaël.

Nous commençons par demander un million, non pas un million de pardons, mais un million de francs; et c'est peu. Nous le faisons avec d'autant moins de scrupule que ce n'est pas assez pour reconquérir le royaume de Naples, et encore nous consentirions à en courir les risques. Que le tableau, en effet, appartienne à M. Bermudez de Castro, duc de Ripalda, le fidèle compagnon du roi de Naples pendant le siége de Gaëte, ou qu'il appartienne au roi lui-même, cela ne nous regarde pas. Tout ce que nous avons à dire, c'est qu'il y a dans ce moment-ci, à Paris, au Louvre, un des plus beaux, des plus purs, des plus éclatants Raphaëls du monde, et que la France serait coupable d'un véritable crime, si elle le laissait sortir de son territoire. Charles-le-Téméraire tenant dans ses mains Louis XI; Charles-Quint tenant sous les verrous François Iᵉʳ, n'étaient pas en possession d'un trésor plus précieux que ne l'est aujourd'hui notre Louvre. Il faut qu'il le garde.

Il ne s'agit pas ici d'un tableau contestable ni contesté. Celui-là est connu, il est classique et il est classé. Son titre est : *la Vierge du monastère de Saint-Antoine de Padoue, à Pérouse*. Fait en 1505, il passa en 1678 du couvent de Saint-Antoine au palais Bagazzini, puis au palais Colonna, et de là au palais du roi de Naples. Il n'était pas au Musée, il était dans les appartements privés du roi, où le public n'était pas admis. Après les dernières révolutions italiennes, donné par le roi à l'ambassadeur d'Espagne, M. Bermudez de Castro, il fut transporté à Madrid et presque absolument soustrait aux regards humains. Mais l'art, comme l'Église, a ses fidèles. Il a ses dévots qui vont jusque dans les catacombes rechercher l'objet de leur piété et exhumer les corps immortels des saints. Parmi ceux-là, nous savons un grand chercheur, un grand critique, l'homme d'Europe qui sait le mieux Raphaël, et qui a fait de cette science sa faculté-maîtresse, M. Anatole Gruyer, l'auteur

d'une série de beaux livres appelés : *les Chambres de Raphaël, les Loges de Raphaël, Raphaël et l'Antiquité*, et, en dernier lieu, *les Vierges
de Raphaël*. M. Gruyer est un des rares qui ont pu voir cette merveille,
car il est allé la voir à Madrid. C'est dans son dernier livre que nous
prenons la description suivante du tableau, qui peut servir d'instruction
pour ceux qui le verront :

» L'Enfant Jésus, sur les genoux de sa mère, bénit le petit saint Jean.
Saint Pierre et saint Paul, sainte Catherine d'Alexandrie et sainte Dorothée se tiennent debout, groupés symétriquement, deux par deux, de
chaque côté du trône de Marie. Ce trône, fait de marbre blanc, est exhaussé de trois degrés, dont les parois verticales sont plaquées de tapis et
incrustées d'arabesques d'or... La Vierge, assise en face du spectateur,
soutient de la main droite l'Enfant Jésus, et de la main gauche attire à
elle le petit saint Jean. La tête, penchée sur l'épaule gauche, est vue de
trois quarts à droite ; le front est à moitié couvert par un voile transparent jeté sur les cheveux arrangés en bandeaux. Les yeux, abaissés
sur saint Jean, sont caressants et bons... La physionomie respire une
bonté calme et pure que Raphaël seul a su rendre à ce degré... Cette
Vierge, si profondément humble dans sa gloire, tient par des liens étroits
aux traditions ombriennes et démontre en même temps la vivacité d'un
esprit nouveau. Elle doit avoir été peinte avant le départ de Raphaël
pour Florence... L'Enfant Jésus appartient à la même époque... Les
bonnes religieuses du couvent de Saint-Antoine avaient poussé le scrupule jusqu'à vouloir que leur bambino fût complétement vêtu. Raphaël
a dû se soumettre à cette exigence et abandonner la convention pittoresque qui avait permis à la plus haute antiquité chrétienne, comme à la
grande Renaissance, de montrer l'enfant nu dans les bras de sa mère.
L'Enfant Jésus est habillé d'une robe bleu clair très-pâle, bordée au poi-
gnet d'un ruban bleu foncé, attachée à la taille par une ceinture brune,
et ornée d'une pièce de couleur rouge sur l'épaule droite ; un petit manteau d'un bleu très-intense est jeté sur les jambes. Assis sur les genoux de
la Vierge, le bambino tient de la main gauche un pan de la draperie qui le
couvre, et de la main droite bénit le précurseur. Sa tête, couverte de cheveux blonds, est vue de trois quarts à droite ; elle est selon la nature, et
en même temps elle est divine... Les yeux, doux et pénétrants, se fixent
avec complaisance sur le petit saint Jean, et les yeux expriment à la fois
la bonté et l'autorité...

» Le jeune précurseur, vêtu d'une peau d'agneau et d'une draperie
rouge qui ceint les reins et tombe sur les cuisses, s'avance avec amour
vers Jésus. Les mains jointes et le corps penché en avant, il s'abandonne
avec bonheur aux caresses de la Vierge. La complexion de cet enfant est
vigoureuse et plus humaine encore que celle du Sauveur; ses cheveux
sont plus colorés, sa carnation est plus chaude, et son teint déjà plus hâlé.
Ses yeux, brillants d'ardeur et attachés aux yeux de Jésus, sont ravis de

l'image divine. La bouche voudrait parler et s'arrête immobile. De la tête aux pieds, cette petite figure prie. C'est une action de grâces qui répond à une bénédiction. Les trois personnages de la Vierge, de l'Enfant Jésus et du petit saint Jean-Baptiste sont comme isolés dans une harmonie supérieure au milieu de cette peinture ; ils se suffisent à eux-mêmes et forment à eux seuls tout un tableau...

» Saint Pierre, vêtu d'une tunique bleue brodée d'or et d'un manteau jaune, est debout à gauche au pied du trône de Marie... Son regard est fixe, ardent, très-ferme. La bouche exprime une autorité calme et sans violence... Derrière saint Pierre est sainte Catherine d'Alexandrie, vêtue d'une robe violette et d'un manteau vert. Elle porte une palme de la main gauche, et appuie la main droite sur la roue qui refusa de déchirer son corps...

» Debout sur le premier plan, de l'autre côté du trône de Marie, saint Paul est absorbé tout entier dans la méditation des Écritures. De la main gauche il tient un livre ouvert, qu'il soutient aussi de la main droite, laquelle porte en même temps une longue épée nue, dont la pointe touche à terre... Les traits sont beaux et graves. Le front, chauve, est contracté ; le regard, abaissé sur le livre, est tendu. On reconnaît l'homme qui a prêché, combattu, gouverné... Sainte Dorothée, enfin, se tient derrière saint Paul... Quoique les traits ne soient pas irréprochables, l'ensemble de la physionomie est charmant...

» Cette peinture est d'une couleur chaude, puissante même, harmonieuse et variée. Les carnations ont conservé leur éclat originel. Le ton des chairs est ce qu'il doit être pour chaque figure : d'une grande fraîcheur pour l'Enfant Jésus, la Vierge et les saintes; plus vif déjà pour le petit saint Jean-Baptiste, et d'une remarquable vigueur pour les deux saints. »

Nous présumons que notre confrère, M. Charles Clément, parlera un jour ici de ce tableau avec la compétence et l'autorité qui lui appartiennent. Pour nous, nous n'avons voulu que jeter un cri d'appel, un cri d'alarme peut-être, et avertir tous les amants de l'art et tous les jaloux de la beauté, d'avoir à former un cordon sanitaire autour du Louvre pour empêcher ce Raphaël d'en sortir. De pareilles œuvres n'ont pas de valeur appréciable, elles ont une valeur idéale, illimitée. Un pareil tableau vaut 10 millions, 20 millions, aussi justement qu'un million, parce qu'il est unique, parce qu'on n'en fait pas d'autre. C'est comme le diamant de Lahore, ou le Régent, ou l'Étoile du Sud. Dussions-nous nous faire accuser de socialisme, nous dirons qu'un pareil chef-d'œuvre doit être une propriété impersonnelle; il doit appartenir, non pas à quelqu'un, mais à tout le monde. C'est pourquoi une nation seule peut l'acheter, et c'est pourquoi nous demandons que la France l'achète, et ne le laisse pas à l'Angleterre, qui déjà le convoite. Malgré ses habitudes de sévérité budgétaire, l'Angleterre a beaucoup agrandi depuis quelques années ses acquisitions artistiques, et a compris que c'était un placement comme un autre. Nous avons bien donné 600 et tant de mille francs pour un Murillo; il est vrai que c'était avant le rétablissement du gouvernement parlementaire. Mais si le Raphaël passait l'eau, nous serions capables de demander la restauration du gouvernement personnel avec ses pompes et avec ses œuvres.

JOHN LEMOINNE.

LE RAPPEL.

Paris, 10 février 1870.

Un tableau de Raphaël.

On propose en ce moment au Louvre un admirable tableau de Raphaël. Sera-t-il acquis? Il faut l'espérer sans y compter beaucoup. Nos musées appartiennent à la liste civile et non plus à la nation. Il est à craindre que ce chef-d'œuvre, intéressant à bien des titres, ne franchisse le détroit et ne s'installe dans cette *National-Gallery* qui, elle, appartient à la libre Angleterre.

C'est une composition de Raphaël à peu près inconnue. Elle n'a jamais été gravée. Elle n'était visible, depuis le commencement de ce siècle, que dans les appartements privés du roi de Naples. Elle est, du reste, d'une conservation parfaite et possède les titres d'authenticité les plus complets.

C'est un tableau d'autel, en deux parties, peint sur bois. Les figures sont un peu moins grandes que nature. Raphaël l'entreprit en 1504, à sa sortie de l'atelier de Pérugin et le termina à Pérouse, pour le monastère de Saint-Antoine de Padoue. L'historien des artistes italiens, Vasari, en parle avec de grands éloges.

En 1678, les religieuses du couvent le vendirent à un comte romain, pour deux mille écus. A la fin du siècle dernier, il devint la propriété du roi de Naples, qui en aurait fait cadeau à un Espagnol, le comte de Ripalda. Il arrive de Madrid.

La composition est symétrique. Le dessin des personnages, des vêtements, est gracieux, svelte, un peu maigre. L'expression des têtes est peu déterminée, mais fine et touchante. L'exécution des chairs, des mains surtout, est singulièrement libre et hardie, et la couleur est chaude, riche, variée. En somme, l'aspect de ce tableau est magistral.

La composition est divisée en deux parties. Dans le tympan, de forme cintrée, qui forme la partie supérieure, le Père-Éternel est vu à mi-corps, le globe du monde dans la main gauche. Deux chérubins et deux anges l'adorent, disposés dans une attitude symétrique et un geste pé-ruginesque.

Le tableau est de forme presque carrée. La Vierge est assise sur un trône magnifiquement orné, qu'ombrage un dais circulaire. Par-dessus sa tunique pourpre est jeté un long manteau bleu, très-foncé, à petits points d'or. Elle est brune. Elle se penche avec gravité et douceur pour attirer le petit saint Jean, qui joint ses petites mains et adore l'Enfant Jésus. Celui-ci est assis sur la cuisse de sa Mère et bénit gravement. La pudeur des religieuses ayant exigé qu'il fût vêtu, il a une chemise blanche, brodée à l'épaule d'un scapulaire; un bout de draperie enve-loppe ses jambes.

A droite et à gauche du trône sont debout quatre figures : sainte Catherine appuyée sur un fragment de la roue dentelée qui se refusa à la martyriser, sainte Dorothée couronnée de fleurs, et au premier plan, saint Paul, la main sur son épée, plongé dans une lecture des livres saints, et saint Pierre qui, sceptique, a fermé son livre et rêve à l'usage futur de ses clefs symboliques.

Les visages n'ont pas encore une expression très-déterminée. Raphaël en était encore à sa première tragédie. Mais les draperies sont d'une puissance de ton extraordinaire.

On dirait que le Giorgione les a réchauffées de ses glacis ambrés, de ses laques sanguinolentes. Ce que l'on entrevoit de paysage, par-dessus les épaules des personnages, est très-simple : un couvent sur une émi-nence, un bout de campagne déserte, liseré de bleu par les montagnes qui closent l'horizon.

Ce tableau, superbe en soi, est sans prix quand on réfléchit au mérite et à la rareté des œuvres authentiques de Raphaël. Il est d'autant plus précieux qu'il est évidemment tout entier de la main de Raphaël, tout jeune alors, et qui plus tard se fit tant aider par ses élèves. Raphaël, né le 6 avril 1483, n'avait guère alors dépassé vingt ans; et dans cette œuvre perce, sous l'ingénuité, l'indépendance d'un grand maître.

Reste à débattre le prix. On demande un million. Ne vous récriez pas ! Qu'est-ce, en comparaison de la moindre frégate cuirassée qui pourrit dans les ports ou que balayera la prochaine tempête ?

Combien est-ce d'années de traitement du maréchal Vaillant ?

Ce magnifique tableau est visible depuis quelques jours dans le cabi-net d'un des conservateurs du Louvre, fort galant homme, du reste, et désireux de le voir rester en France. Il serait bon qu'il en sortît, qu'il fût librement exposé dans quelque salle de nos musées. L'opinion publique ne peut manquer de se passionner pour une œuvre pareille. Si l'on demande un crédit à la chambre, il est désirable qu'elle prenne cette demande en considération. Voilà ce que l'on doit appeler réellement les diamants de la couronne d'un pays.

PH. BURTY.

LE CORRESPONDANT

3e livraison. — 10 février 1870.

Un nouveau Raphaël au Louvre.

Un jour le flot poussa dans le port de Gênes une grande caisse, provenant d'un navire qui avait péri dans la haute mer ; quand on l'ouvrit, on y trouva le *Spasimo* de Raphaël. Heureux les Génois s'ils avaient pu retenir cette merveille, qui fait maintenant la gloire du musée de Madrid. Nous nous trouvons aujourd'hui à peu près en semblable conjoncture. La tempête vient de jeter en nos mains un autre chef-d'œuvre de Raphaël, épave échappée au naufrage d'une couronne. Saurons-nous le garder ? Le grand tableau d'autel que l'élève du Pérugin peignit vers 1505 pour les religieuses de Saint-Antoine de Padoue, à Pérouse, est en ce moment au Louvre. En 1678, les religieuses le vendirent, moyennant 2,000 écus, à Antonio Bigazzini, qui l'emporta à Rome. De ses mains, il passa dans la galerie Colonna, et, depuis la fin du dernier siècle, il faisait l'ornement du Palais royal à Naples. Plus d'un voyageur se souvient de l'y avoir admiré ; mais, en 1860, il disparut avec la royauté napolitaine, et un témoignage d'une royale gratitude le fit passer à Madrid. Après une éclipse de dix ans, le chef-d'œuvre vient de reparaître ; il est aujourd'hui à la disposition de la nation française.

Dans l'œuvre de Raphaël, chacun a ses préférences. Voulez-vous que, dans un effort suprême, un art savant combine le sentiment avec le beau : arrêtez-vous devant la Sainte Famille de François Ier, au Salon carré ; mais si vous avez une secrète prédilection pour Raphaël d'Urbin au sortir de l'atelier du Pérugin et avant qu'il ne tînt école lui-même, Raphaël pour ainsi dire encore dans son innocence et gardant encore le pur éclat des dons qu'il avait reçus en naissant sous le beau ciel de l'Ombrie, montez d'un pas hâtif, par l'escalier de la cour du Louvre, jùsqu'au cabinet de cet amateur, qui met au service de notre musée son goût, son expérience et cet enthousiasme qui soulève les montagnes.

Voici à peu près ce que Vasari écrivait, il y a trois cents ans, du tableau qu'on voit chez M. Reiset :

« Dans la même ville de Pérouse, les religieuses de Saint-Antoine de Padoue commandèrent à Raphaël une Madone tenant sur ses genoux l'Enfant Jésus habillé, c'était la volonté expresse de ces saintes et vénérables filles qu'il fût vêtu. Près du trône se tiennent : à droite de la Vierge, sainte Catherine et saint Pierre ; à sa gauche, sainte Dorothée et saint Paul. Il représenta les deux saintes sous les plus beaux traits, avec des airs de tête d'une douceur extrême, et, chose rare en ce temps-là, avec l'ajustement le plus riche. Au-dessus de ce tableau, il peignit, dans un cadre demi-circulaire, Dieu le Père, très-belle tête, et sur le gradin placé devant l'autel, trois petits sujets. Œuvre merveilleuse dans son ensemble, avec un grand caractère de piété (*devota*), tenue en grande vénération par les religieuses, objet d'admiration pour tous les peintres. »

Complétons la description : la Vierge est assise sur un trône richement orné, un baldaquin circulaire d'un dessin élégant le surmonte; l'Enfant Jésus, assis sur le genou droit de sa mère, porte un vêtement blanc avec un manteau violet ; un ornement vert et rouge, placé sur l'épaule, a sans doute quelque rapport avec le couvent qui a commandé le tableau. Jésus bénit le petit saint Jean, qui s'approche en adoration. Les deux saintes tiennent dans leurs mains les palmes, symboles de leur martyre. Le tableau est de forme carrée et les figures deux tiers de nature.

Dans le tympan, le Père Eternel porte le globe de la main gauche. Deux anges planent à ses côtés. Au-dessus, dans le firmament, deux têtes de chérubins.

Ce tableau est encore aujourd'hui dans tout l'éclat de sa jeunesse. Le temps et les voyages n'ont rien enlevé à la fraîcheur de ses couleurs. Il a échappé à toute restauration; on a fait, il est vrai, disparaître la fente signalée dans les anciennes descriptions, et qui, coupant le sujet dans sa largeur, traversait les trois têtes de femmes, mais nous ne pouvons savoir mauvais gré aux habiles parqueteurs du Louvre de cette réparation. L'œuvre primitive se présenterait donc à nous tout entière, si nous avions aussi les trois petits sujets, et les portraits de saint François et de saint Antoine de Padoue, qui complétaient les peintures du gradin. Les trois sujets ont fait partie de la galerie d'Orléans, et sont gravés dans le recueil de Crozat. Ils ont passé dans des collections particulières d'Angleterre. On y retrouverait également les deux portraits de saints, qui ne paraissent pas d'ailleurs être du maître lui-même.

Au bonheur d'avoir échappé à toute restauration posthume, cette œuvre de Raphaël joint le rare mérite de n'avoir été touchée, dè son vivant, par aucune autre main que la sienne. Notre admiration n'est

pas ici forcée de faire la part du pinceau de Jules Romain, et de chercher péniblement la touche fine et délicate du maître sous le sombre
coloris de l'élève.

Le tableau des religieuses de Saint-Antoine marque, en effet, un moment unique dans la vie du peintre. Commencé sans doute en 1504 ou
à la fin de 1503, il a été terminé en 1505, après son retour à Pérouse.
Dans l'intervalle, il a peint et signé le *Mariage de la Vierge*, il a travaillé aux fresques de la bibliothèque de Sienne avec Pinturicchio, il a
vu à Florence celles de Masaccio et les œuvres de Léonard, il vient
d'achever la Vierge du grand-duc. Raphaël est donc depuis longtemps
émancipé, il vient de s'assimiler les grandes parties de l'art florentin, et
cependant l'œuvre que nous avons sous les yeux participe, tout à la
fois, à ces deux manières, elle a encore la naïveté de l'une, et elle révèle
déjà la puissance de l'autre. Deux courants d'inspirations semblent s'être
rencontrés dans cette composition, et tantôt se confondre, tantôt se cô-
toyer comme deux sources distinctes, dont les eaux roulent dans le
même lit sans se mélanger. Les traditions ombriennes dominent dans
l'ordonnance, dans la distribution symétrique et convenue des figures,
On pourrait détacher du sujet, comme dans les compositions de la même
école, le groupe de la Vierge et des deux enfants, touchant et gracieux
ensemble qui parle au cœur et réveille le sentiment de l'amour et de
l'adoration. Mais autour de ce groupe, la vie s'anime, l'expression indi-
viduelle des traits s'accuse, une suprême élégance se révèle, le dessin se
précise, la couleur prend une vigueur qui étonne. La sainte Catherine
concilie la sévérité lithurgique avec le charme des formes et la beauté
des traits ; la tête, le geste de saint Pierre commandent ; saint Paul est
plongé dans la méditation des Écritures. Le caractère individuel de ces
deux figures, l'ordonnance des draperies, le fini des mains, tous ces détails de la réalité sont relevés par la majesté des attitudes. La correction
du dessin se combine avec la chaleur du coloris. Le saint Paul, particulièrement, semble un morceau détaché d'une peinture de Giorgione.
Nous voici loin des formes traditionnelles, roides, sans couleur et sans
vie, qui déparent trop souvent la noble école du Pérugin. Mais dans le
groupe du tympan, qui fut peint, dit-on, avant le voyage à Florence,
nous retrouvons plus d'une marque du genre particulier de l'Ombrie.
Le Père Eternel n'offre pas le type grandiose, pour ainsi dire surnatu-
rel, que Raphaël introduisit plus tard dans ses peintures des Loges. Là,
sous les traits d'un vieillard, le Dieu parle, pour ainsi dire, de plus près
à la nature humaine, par l'expression de sévère justice que le peintre lui
a donnée. Cette tête vigoureusement enlevée, et d'un caractère humain,
contraste avec les anges, dont les poses traditionnelles nous ramènent
dans le ciel de la vieille école mystique. Quant aux deux têtes de chérubins, on en chercherait peut-être en vain de plus délicieuses même aux
pieds de la Vierge de Saint-Sixte.

Tel est l'ensemble de cette œuvre, pleine à la fois d'ingénuité et de grandeur, où le sentiment domine encore la science, mais où l'on relève déjà à l'état d'espérance et de promesse ce qui sera un jour la beauté dans toute sa splendeur idéale.

La place de ce morceau capital est marquée dans le Salon carré du Louvre, en face des *Noces de Cana*. Les habiles conservateurs de notre musée sauront entrer en accommodement avec Murillo, qui n'aura probablement pas la prétention de disputer au maître le centre de la travée. En tout cas, les susceptibilités de Murillo seront plus aisées à vaincre que les exigences du propriétaire actuel du tableau, qui s'attend, dit-on, à en tirer une rançon royale. Nous espérons qu'il n'abusera pas contre nous de ce dicton, que les chefs-d'œuvre sont sans prix.

Quant à nous, notre opinion est faite : le tableau qu'on a fait entrer au Louvre n'en sortira pas. Il ne s'agit pas ici d'un Raphaël nouvellement découvert, ou d'un morceau de chevalet comme il en a été mis en vente trois ou quatre depuis soixante ans. Le tableau que nous tenons est un monument historique. Parmi les œuvres de Raphaël, on n'en compte guère qu'une dizaine qui présentent le même intérêt, et elles sont immobilisées dans les différentes galeries publiques de l'Europe. Il n'a fallu rien moins qu'une révolution pour faire sortir du palais de Naples cette peinture, qui nous arrive, ainsi que nous le disions en commençant, comme une épave d'un naufrage royal. Qu'une fois au moins la révolution italienne tourne à notre profit ! Mais où trouver le trésor qu'on nous demande ? Naguère, sous un régime qui semble déjà appartenir à une époque reculée, nous aurions appris tout à la fois l'arrivée de ce chef-d'œuvre à Paris et son acquisition. On a trouvé ainsi six cent mille francs pour l'achat d'une Vierge de Murillo, des millions pour les pièces curieuses et les nombreux tessons du musée Campana ; on en a trouvé bien d'autres pour les tranchées rectilignes qui embellissent Paris. C'était le bon temps pour les fantaisies : on dépensait d'abord, le pays payait ensuite. Nous nous félicitons sincèrement du renversement de cet ordre de choses. Il faut aujourd'hui d'abord examiner et délibérer ; on ne s'engage qu'après avoir obtenu l'argent. Mais il nous semble que nous n'avons rien à craindre pour l'objet de notre convoitise, de ce que la raison tienne aujourd'hui les cordons de la bourse. C'est au grand public qui raisonne et qui paye que nous faisons appel. Nous désirons que le tableau que nous avons eu le privilége de voir soit exposé aux yeux de tous les amateurs (nous prions seulement l'administration du Louvre de le débarrasser auparavant du cadre de mauvais goût qui l'entoure), puis nous attendrons, en toute confiance, la décision des contribuables, et, s'il y a lieu, le vote de la Chambre. Si nous vivions dans un pays plus habitué à faire directement ses affaires par lui-même, nous proposerions une souscription nationale.

LELIUS.

CHRONIQUE POLITIQUE DES ARTS ET DE LA CURIOSITÉ

Paris, 13 février 1870.

Nouvelles.

Les amateurs peuvent admirer dans celle des salles du Louvre que l'on appelle salle des *Batailles de Le Brun*, une superbe peinture que Raphaël fit en 1504, à l'âge de vingt et un ans. Cette peinture, qui représente la Vierge sur un trône, entourée de sainte Catherine et de sainte Dorothée, de saint Pierre et de saint Paul, est surmontée d'un tympan dans lequel on voit Dieu le Père adoré par deux anges et deux chérubins.

En 1678, les religieuses du monastère de Saint-Antoine de Padoue, à Pérouse, vendirent au comte Bigazzini, à Rome, cette œuvre remarquable, qui entra par la suite dans la galerie Colonna pour devenir, à la fin du siècle dernier, la propriété des rois de Naples. Donné par le roi François au comte Bermudez, ce tableau est aujourd'hui à vendre.

La France laissera-t-elle ce chef-d'œuvre aller s'installer dans une des salles de la National-Gallery ?

LE MONITEUR UNIVERSEL.

Paris, 20 février 1870.

Le tableau de Raphaël.

Le tableau de Raphaël, prêté par le duc de Ripalda à l'administration du Louvre, et qu'on voit exposé depuis quelques jours dans la salle des Batailles, a tous ses titres de grande noblesse en règle parfaite. Commencé à Pérouse en 1502, dans l'atelier même du Pérugin, par le jeune Raphaël, son élève, il ne fut achevé qu'en 1505. Le peintre, dans cet intervalle, avait complété son éducation artistique par les voyages ; à

Sienne, il avait travaillé en compagnie de Pinturicchio ; à Florence, il avait étudié les maîtres religieux du xive siècle, les maîtres naturalistes du xve siècle, il avait longuement contemplé les grands cartons de Léonard de Vinci et de Michel-Ange. On ne doit donc pas s'étonner de trouver dans cette œuvre, avec toute l'éclatante expansion de la jeunesse, la trace non dissimulée de ses études récentes et de ses chaleureuses admirations.

Le tympan supérieur, demi-circulaire, qui représente le Père Eternel, accosté de deux anges volants, garde encore un aspect tout péruginesque. Raphaël, on peut le supposer, l'avait achevé avant son départ de Pérouse. A son retour, il n'y retoucha sans doute que pour agrandir le style des draperies, et donner au coloris une intensité vigoureuse, qui fût mieux en harmonie avec sa nouvelle manière de peindre, plus virile et plus résolue.

Le tableau principal lui-même était déjà composé ; Raphaël en respecta l'ordonnance traditionnelle, imposée d'ailleurs par sa destination. Un couvent avait commandé ce travail, un couvent de femmes ; les religieuses de Saint-Antoine de Padoue poussèrent les scrupules jusqu'à exiger du peintre qu'il vêtit complétement ses deux bambini sacrés, le petit Jésus et le petit saint Jean, contrairement à toutes ses habitudes. La Vierge, brune, assez vigoureuse, la tête enveloppée dans une riche draperie d'un bleu puissant pailleté d'un semis d'or, formant manteau, à la manière des Byzantins et des Florentins primitifs, est assise sous un baldaquin fastueux, au milieu d'une campagne montueuse, claire et sereine, où il est aisé de reconnaître l'aspect ordinaire de la vallée du Tibre, entre Pérouse et Assise. Une petite église, placée à mi-côte dans l'horizon, sur la droite, est sans nul doute une église qu'on y voyait alors, très-probablement le couvent même des religieuses.

La madone, souriante et calme, rappelle, par son caractère et son attitude, les créations déjà célèbres de Francia, qui avait lui-même contracté, à l'école des Padouans et des Vénitiens, un goût décidé pour la fermeté du style et la puissance des colorations. Le petit Jésus, assis sur son genou droit, est vêtu d'une sorte de tunique violacée, brodée au col et aux manches d'une ornementation vive et curieuse, tout à fait dans le goût des amis que Raphaël avait fréquentés récemment : Filippino Lippi, Pinturicchio, etc... Il sourit et tend ses mains au petit saint Jean. Celui-ci s'avance vers lui en hésitant, sur le dernier degré du riche escalier de marbre, incrusté de mosaïques, qui supporte le trône de Marie. Dans les petits corps potelés, un peu ramassés, des deux enfants divins, dans leur expression de tête, si profonde et si délicate à la fois, on trouverait une parenté plus directe avec Léonard qu'avec le Pérugin, dont la tradition est décidément, et dès ce moment, beaucoup trop étroite pour le génie libre et actif de son élève.

L'influence du chef de l'école ombrienne est bien plus visible dans les deux saints debout de chaque côté, saint Pierre et saint Paul, qui joignent aux qualités du vieux maître, à sa précision dans le geste, à sa vigueur dans les expressions, à sa sûreté dans les modelés, d'autres qualités, tout à fait nouvelles, de largeur dans le style et de majesté dans la facture, auxquelles n'atteignit que rarement, et par parties, le pinceau de Vannucci, toujours plus attentif que puissant, et plus soigneux que naïf. De même, dans les deux saintes qui avoisinent le trône, sainte Catherine et sainte Marguerite, on peut encore entrevoir, et de loin, par un certain goût délicat des ornements, par une certaine expression juvénile et printanière des têtes, quelques réminiscences des pures créations du xvᵉ siècle, étudiées par le peintre à Sienne et à Florence. Néanmoins, dès cet instant, le peintre d'Urbin s'est si puissamment assimilé toutes les tendances diverses des écoles précédentes, il les a recueillies avec une sympathie si pénétrante, et il les dirige, dans un sens personnel, avec une si naturelle autorité, qu'on peut regarder son génie comme définitivement entré en pleine possession de lui-même.

Une étude opiniâtre et constante de la nature vivante, très-visible dans l'œuvre même dont nous parlons, aide puissamment l'artiste à conquérir sa pleine liberté. Quelle que soit l'origine de ses figures, réelle ou intellectuelle, il sait déjà les baigner d'une atmosphère lumineuse et profonde, si particulièrement rasérénante, extatique et surhumaine, qu'il n'y a pas à s'y tromper, et qu'on s'écrie sans hésiter, devant ces œuvres déjà voisines des fresques du Vatican : « Le Dieu, voici le Dieu ! » Les contemporains qui s'y connaissaient ne s'y étaient pas trompés : au dire de Vasari, la sainte Catherine et la sainte Marguerite furent regardées comme quelque chose d'entièrement nouveau.

Le tableau d'autel exposé au Louvre est donc une œuvre tout à fait hors ligne. Ajoutons, pour compléter sa biographie, qu'en 1678, il fut vendu par le couvent à un certain Antonio Bigazzini, de Rome, pour la somme de 2,000 écus (environ 11.000 livres, somme considérable en ce temps), plus une copie de l'œuvre. Il passa, de là, dans la galerie des Colonna, qui le cédèrent, en 1802, au roi Ferdinand de Naples. Il ne quitta le palais royal de Naples, en 1860, que pour être remis aux mains de M Bermudèz de Castro, duc de Ripalda. Gravé dans l'*Histoire de l'art* de Seroux d'Agincourt, il fut lithographié plusieurs fois. Le musée de Lille possède un dessin à la plume de la main de Raphaël, où l'on reconnaît une étude, d'après le modèle vivant, faite pour le Père Eternel peint dans la partie supérieure. Cinq petits sujets, qui complétaient le retable et dont on connaît les sujets, avaient été déjà détachés de l'ensemble en 1665, et vendus à la reine Christine de Suède, au prix de 601 écus. De la galerie Bracciano, ils ont traversé la galerie du duc d'Orléans pour aller se disperser en Angleterre.

Ce chef-d'œuvre restera-t-il en France ? Le prix qu'en demande le propriétaire, un million, dit-on, dépasse de beaucoup, on peut le craindre, les ressources modiques mises à la disposition de nos administrations artistiques, et qui, en ce moment surtout, pourraient trouver des emplois plus strictement utiles, sinon plus nobles et plus glorieux. Si nous sommes forcés de laisser tomber ce trésor entre des mains étrangères, plus riches ou plus généreuses, remercions du moins l'administration, dans cette circonstance, d'avoir consulté directement le goût du public. et de nous avoir procuré à nous, simples rêveurs, quelques heures d'ineffable enchantement.

GEORGES LAFENESTRE.

CHRONIQUE POLITIQUE DES ARTS ET DE LA CURIOSITÉ

Paris, 20 février 1870.

Un tableau de Raphaël à acquérir.

Artistes et amateurs sont tenus d'aller voir au Louvre un superbe tableau de Raphaël tout récemment exposé dans la salle dite *des Batailles de Lebrun*. La Vierge y est représentée assise sur un trône et soutenant l'Enfant Jésus qui se penche pour embrasser le petit saint Jean désireux d'adorer celui dont il annoncera plus tard la venue dans le désert de la Judée. A droite, saint Paul et sainte Dorothée; à gauche. saint Pierre et sainte Catherine assistent à cette scène charmante que Dieu le Père, figuré dans un tympan entre deux anges et deux chérubins, contemple du haut des cieux. La vue de cette page, merveilleuse par l'intensité du ton et par le caractère des têtes, ne laisse place qu'à l'admiration et à l'étonnement, surtout si l'on se souvient que l'auteur de cette œuvre surprenante n'avait que vingt-et-un ans lorsqu'il l'exécuta. Ainsi donc, à un âge où l'on étudie encore, Raphaël était déjà un maître assez indépendant pour peindre, d'après son propre idéal, d'adorables têtes de femmes et des figures de saints pleines d'énergie, un maître assez savant pour ne pas craindre d'accentuer ses intentions par des empâtements mis avec une franchise et une fermeté incroyables.

Pour donner à cette œuvre magistrale une valeur tout exceptionnelle, des preuves d'authenticité incontestables viennent encore s'ajouter à la question d'art si importante par elle-même. Peint de 1504 à 1505 pour le maître-autel du monastère de Saint-Antoine-de-Padoue, à Pérouse, ce tableau fut vendu en 1678 au comte Gio-Antonio Bigazzini. Plus tard, il entra dans la galerie Colonna, d'où il sortit en 1802 pour devenir

4

la propriété de Ferdinand IV, roi de Naples, et, par héritage, celle du roi François, qui récemment en faisait don au comte Bermudez de Castro.

Aujourd'hui, cette œuvre, précieuse à tant de titres, est à vendre, et tous ceux que les arts passionnent se demandent si le Louvre la gardera pour ses collections, ou si on la laissera, ainsi que la Vierge du duc d'Orléans, sortir de France et aller prendre place dans la National Gallery. Hélas! tout porte à craindre que nous ne conservions point ce chef-d'œuvre, contre la remise duquel M. le comte Bermudez réclame un million. La France a bien un ministre des Beaux-Arts, mais elle n'a point de musée lui appartenant en propre. Le Louvre fait partie de la liste civile, et son budget annuel ne s'élève qu'à la somme dérisoire de cent mille francs! Je sais bien que la Chambre peut voter un crédit exceptionnel; mais encore est-il nécessaire qu'elle soit saisie d'une demande; et quelle personne autorisée viendra, dans nos Chambres, plaider avec chaleur la cause de nos grandes collections? M. le Ministre de la maison de l'empereur, au nom de la liste civile? Mais la dotation de la couronne est fixée au commencement de chaque règne, et il ne faudrait rien moins que des raisons tout à fait majeures pour qu'il osât demander un supplément de dotation. M. le Ministre des Beaux-Arts, au nom de l'État? Mais il n'a rien à voir dans la direction de nos musées, et il est difficile d'admettre qu'il se décide à rompre des lances avec ses collègues, et à réclamer avec insistance auprès de la Chambre pour acquérir une œuvre qui, à l'instant même, entrerait dans le domaine de la liste civile et dont la jouissance n'appartiendrait au public qu'à titre d'une faveur trop souvent contestée.

Si jamais circonstance a prouvé combien il est regrettable que nos musées relèvent de la liste civile et non de l'État, principal intéressé à leur développement, c'est assurément celle qui se présente à cette heure. Le Louvre ne possède que trop de tableaux médiocres; son administration ne doit plus songer qu'à l'enrichir de chefs-d'œuvre, et comment le peut-elle avec un budget de cent mille francs pour subvenir aux besoins de vingt-cinq collections?

Depuis le commencement du siècle, les ressources de l'État ont crû dans des proportions énormes; la fortune publique a centuplé et a donné aux objets d'art une valeur jusqu'alors inconnue; et cependant la somme destinée à l'accroissement de nos collections nationales est restée au chiffre que la Convention fixa en 1793, *pour acheter dans les ventes particulières les tableaux ou statues qu'il importait de ne point laisser passer en pays étranger.* Dans quelques jours, lorsque la vente des collections de San Donato nous permettra de rapprocher du prix de 3,000 francs payé en 1785 pour la *Cruche cassée* de Greuze celui obtenu par de simples têtes de ce même maître, et du prix de 3,600 francs, donné en 1782 pour le *Jeune Mendiant* de Murillo, celui atteint par une esquisse du maître de Séville, la nécessité de mettre le budget de nos musées en rapport avec les besoins de nos collections et la richesse du pays deviendra plus manifeste.

Que la liste civile, qui a une dotation fixe, se trouve incapable de suivre, dans ses libéralités pour nos musées, le mouvement toujours ascendant de la fortune générale, nous le comprenons à merveille et nous n'avons nulle envie de lui en faire un reproche. Seulement, en face d'une telle situation, ne sommes-nous pas bien fondé à lui tenir ce langage :

Aujourd'hui qu'il est parfaitement prouvé que la charge d'entretenir nos collections et de les augmenter est devenue trop lourde pour pouvoir être convenablement remplie par la liste civile, aujourd'hui que des idées nouvelles, déjà appliquées dans la plupart des États de l'Europe, exigent la transformation absolue de nos collections, et qu'il est trop évident que la liste civile est impuissante à opérer ces innovations si coûteuses, nous supplions la couronne de renoncer à un droit qui n'est pour elle qu'onéreux et fictif, et de rendre à la nation la disposition absolue de ses collections, afin qu'elle puisse les développer plus largement, et les approprier mieux à l'accomplissement d'un devoir public envers les artistes, les industriels et les hommes de goût.

Émile Galichon.

REVUE DES DEUX-MONDES.

Paris, 1er mars 1870.

La Madone de Pérouse au Louvre.

N'est-ce pas une nouveauté à peu près sans exemple que de voir exposé dans une salle du Louvre, au centre de nos collections, un tableau qui n'en fait pas partie et qui n'est là qu'à titre de dépôt et par admission temporaire ? Le fait semble un peu moins étrange quand on apprend que ce tableau passe à bon droit pour être l'œuvre de Raphaël, que le possesseur consent à s'en défaire et que notre musée, souhaitant de l'acquérir, veut sonder l'opinion, consulter le public, et, s'il le trouve favorable, se faire, pour obtenir que l'achat s'accomplisse, un titre de son assentiment.

Il y a dans cette innovation certain parfum parlementaire dont avant tout nous nous félicitons; elle est d'ailleurs trop peu conforme aux procédés habituels de la direction de nos musées, c'est un démenti trop flagrant de certains actes trop célèbres, et de bien d'autres qui se préparent en ce moment et dont nous parlerons tout à l'heure, pour que nous n'approuvions pas hautement la déférence dont cette fois on fait preuve envers le public; mais les meilleures mesures ont leurs inconvénients. Si tous ceux qui verront ce tableau, touchés de ses beautés, disent tout haut ce qu'ils en pensent, s'ils se révoltent à l'idée de le voir partir pour faire la gloire de quelque autre galerie après cette hospitalité qu'il a reçue de la nôtre, ne vont-ils pas faire croître, et sans mesure, des prétentions déjà trop peu modestes? On parle d'un chiffre effrayant, qui aurait, il y a vingt ans, passé pour chimérique, et qui n'a d'excuse aujourd'hui que dans la folie de certaines enchères et le niveau qu'elles ont fait prendre aux prix des œuvres même de second rang. Faudra-t-il donc, pour calmer le vendeur, ne pas dire ce qu'on sent, jouer la tiédeur, l'indifférence? Mais alors ce serait du même coup refroidir le public, dont la chaleureuse adhésion peut seule assurer l'entreprise. Le plus simple est de ne pas s'inquiéter de ce cercle vicieux et d'aller droit au but en disant franchement ce que nous pensons de l'œuvre et l'impression qu'elle produit sur nous.

D'abord c'est une découverte. On savait bien par Vasari que Raphaël, dans sa vingt-deuxième année, de 1504 à 1505, avait peint à Pérouse, pour le maître-autel d'un couvent de cette ville, appartenant aux dames de Saint-Antoine de Padoue, un tableau dont il prend la peine de décrire la composition et de signaler l'importance ; mais ce tableau, on savait que les religieuses l'avaient vendu en 1678. Qu'était-il devenu ? Les uns le disaient perdu (1); d'autres savaient que les Colonna, par l'entremise du comte Antonio Bigazzini, l'avaient acquis moyennant 2,000 scudi, et qu'il était resté dans leur palais à Rome jusqu'en 1802, époque où il devint la propriété du roi de Naples, Ferdinand IV. Ce prince ne l'avait pas acheté pour le laisser voir; il l'enferma dans ses appartements particuliers, où depuis il est toujours resté, si bien qu'à moins d'être de la cour et même de l'intimité royale on n'en soupçonnait pas l'existence, et je ne sache pas que de 1802 à 1860 beaucoup de voyageurs aient pu le visiter. Depuis 1860, il appartient à M. Bermudez de Castro, en faveur duquel le roi François s'en est dessaisi avant qu'il fût lui-même dépouillé de ses États.

On le voit donc, l'apparition de ce tableau est presque une trouvaille, c'est la révélation d'un trésor à peu près perdu. Ajoutons que parmi les œuvres du maître exécutées pendant les dix années de sa première jeunesse, de 1495 à 1505, avant son dernier séjour à Florence,

---

(1) Témoin ce qu'on lit à la page 34, t. VIII, de l'édition de Vasari (Milan, 1809), reproduisant l'ancienne édition de Rome : « questa tavola e sparita, avendola le monache venduta. »

on n'en connaît que trois d'une importance égale à celle-ci pour la richesse de la composition, le nombre des figures, l'ampleur de l'ordonnance, et l'une d'elles est une fresque, la grande page de *San-Severo*, de Pérouse, à jamais fixée à sa muraille ; les deux autres sont deux tableaux, mais que ni l'un ni l'autre on ne peut acquérir, le *Couronnement de la Vierge* du Vatican et le *Sposalizio* de la *Brera* à Milan. C'est donc une chance unique qui s'offre à nous de combler la seule lacune un peu notable qu'on puisse regretter dans l'admirable série de nos Raphaëls du Louvre. Si cependant ce tableau n'avait d'autre mérite que la date et la dimension, quelque intérêt chronologique qu'il y eût à le posséder, nous n'insisterions pas, surtout en face du prix qu'on en demande ; mais en même temps qu'il est de premier ordre comme spécimen d'une époque charmante dans cette vie dont chaque jour, chaque heure est un événement, il l'est aussi, et plus peut-être encore que les trois autres, comme témoignage du travail de transformation qui s'opérait de 1504 à 1505 dans ce merveilleux esprit, travail qui s'y révèle par la simultanéité des styles les plus divers. C'est là un caractère tellement prononcé dans ce tableau que M. Passavant s'est cru autorisé à soutenir que le maître ne l'avait pas exécuté tout d'une haleine, qu'il l'avait laissé là pendant près d'une année, pendant son voyage à Urbin et son premier séjour à Florence, pour le reprendre et le terminer seulement après son retour à Pérouse, vers la fin de 1505. « Certaines figures, dit-il, principalement la sainte Vierge et le saint Paul, rappellent le *Couronnement de la Vierge* (du Vatican), les tons vigoureux de quelques draperies font penser au *Sposalizio,* tandis que sainte Catherine et sainte Dorothée laissent voir le nouveau style acquis à Florence. » Nous ne garantissons pas les assertions de M. Passavant, mais rien n'est plus vrai que cette diversité de style, d'intention, d'exécution même, sans pour cela qu'il en résulte une disparate trop accusée et non sans un surcroît d'agrément et de variété dans l'effet général du tableau.

Nous aurions dû déjà en décrire le sujet. C'est une vierge glorieuse, c'est-à-dire assise sur un trône richement décoré et surmonté d'un dais, conformément aux traditions des écoles primitives et en particulier des maîtres de l'Ombrie, mais avec une ampleur architecturale qui est déjà presque une innovation. Sur les marches du trône, le petit saint Jean debout se dirige vers l'Enfant Jésus qui lui donne sa bénédiction. Le geste et le regard de l'enfant sont d'une douceur indicible ; il est vêtu, ainsi que le saint Jean. Vasari nous apprend que les bonnes dames du couvent avaient interdit au peintre les nudités, même enfantines. Je ne sais en vérité si de cette exigence n'est pas né, par sa rareté même, comme un charme de plus dans la composition. Sur le premier plan du tableau, et comme gardiens du céleste trône, on voit d'un côté saint Pierre et de l'autre saint Paul. Derrière eux, et plus près de la Vierge, deux saintes sont debout, saintes martyres, comme l'indiquent les palmes qu'elles portent à la main ; l'une est vue de profil, l'autre de face. La première est incontestablement sainte Catherine, la roue armée de dents sur laquelle elle s'appuie ne permet pas le doute ; l'autre, au dire de Vasari, serait sainte Cécile ; M. Passavant l'appelle sainte Dorothée et. à voir les fleurs qui lui ceignent le haut du front, on pourrait aussi bien en faire sainte Marguerite. L'ensemble de ces sept figures n'est pas tout le tableau, ce n'en est que la partie centrale. Il y avait dans le bas un gradin, *una predella*, suivant l'usage alors constamment suivi pour les tableaux d'autel, et dans le haut un couronnement cintré, un tympan semi-circulaire, où Dieu le Père, à mi-corps, entouré d'anges et de chérubins, contemple du haut de sa gloire l'Enfant divin et sa Mère, autre usage presque aussi constant. Le gradin fut vendu par les religieuses à la reine Christine de Suède moyennant 601 écus romains, en 1663, quinze ans avant la vente des deux autres parties du tableau. Que ce gradin, composé de trois petits sujets, dont un délicieux portement de croix, soit venu de Suède dans la galerie d'Orléans, puis qu'il ait passé en Angleterre comme presque tous les trésors de cette galerie ; que l'ouvrage de Crozat nous donne connaissance de ces trois petites compositions, ce sont là autant de détails étrangers à notre sujet. Ne parlons que du tympan et du tableau central, puisqu'ils sont là, devant nos yeux et que c'est d'eux seulement qu'il s'agit.

Par un hasard singulier nous avons à Paris, dans l'église Saint-Gervais, au-dessus du banc d'œuvre, un ancien tympan de même forme que celui-ci, bien qu'un peu plus grand d'échelle, traitant le même sujet, d'après les mêmes traditions, et à peu près dans le même style. C'est une œuvre du Pérugin, exécutée, sinon tout entière de sa main, du moins dans son école, sous ses yeux et sous sa direction. Or rien n'est plus intéressant, plus instructif que de comparer ces deux peintures. La prodigieuse supériorité de l'élève éclate de toutes parts. Dans le tympan de Saint-Gervais la figure principale, Dieu le Père, a beau ne manquer ni d'ampleur ni même de noblesse, comme on y sent la convention, quelles formes banales, sans nerfs, sans accent ! Dans le tympan de Pérouse, au contraire, quelle merveille que cette même figure ! que ce regard abaissé est tendre et compatissant ! quelle expression pénétrante sans la moindre banalité ! et comme peinture, quelle touche délicate et puissante ! pas un coup de pinceau qui ne porte, qui n'ait son intention et son effet. Cette seule figure du Père Éternel est pour nous hors de prix, d'autant plus qu'elle diffère du type idéalement sublime et tout italien que le peintre découvrira plus tard pour représenter le Créateur, la première personne de la Trinité. Ici la tête est beaucoup plus humaine, plus voisine des types germaniques, sans cependant tomber dans le portrait. Maintenant si vous continuez la comparaison entre ces deux tympans, vous trouverez des différences non moins significatives : d'un côté deux anges debout s'avançant en adoration sur les nuages, avec naïveté sans doute, mais aussi avec quelle gaucherie ! puis une nuée de chérubins semés à foison dans ce ciel, sans grâce, sans esprit, d'un aspect fatigant par cette profusion même et par la monotonie de ces formes joufflues ; d'autre part, au contraire, dans ce tympan de Pérouse, quelle sobriété ! quel goût ! deux têtes de chérubins, pas davantage, mais quelles ravissantes créatures ! et les deux anges, quelle heureuse innovation que de les avoir mis à genoux ! comme ils se groupent, comme ils sont ajustés, avec quel style déjà tout magistral ! Cette seule comparaison vaut un cours d'esthétique ; elle révèle, explique, commente Raphaël mieux que tous les professeurs. Nous possédons déjà un des termes du parallèle ; l'autre est là, gardons-nous de le laisser partir.

Ce n'est pas tout, descendons au tableau. Je vois des gens qui nous disent : A quoi bon acquérir ces peintures ? nous en avons d'autres au Louvre de la même main, tout aussi authentiques et infiniment plus parfaites. — Assurément, si pour souhaiter qu'un tableau soit acquis il faut nécessairement qu'aucune tache ne le dépare, ne parlons plus de celui-ci. Un jeune homme, même un jeune homme de génie, ne peut éviter quelques fautes, et il s'en trouve ici qui n'échappent pas même aux yeux les moins exercés. Ainsi le petit saint Jean n'a pas des proportions heureuses : sa grosse tête lui donne un peu l'aspect d'un nain, et son ajustement laisse également à désirer. La sainte, vue de face, est une figure de cire, sans caractère, sans expression. Il est vrai que son visage est traversé, justement à la hauteur des yeux, par une fente du panneau. Cette fente est remplie d'un mastic assez mal appliqué sur lequel je ne sais quel pinceau a fait des yeux qui louchent, ce qui n'ajoute pas grand charme à ce visage déjà peu vivant par lui-même. C'est à peu près la seule tare un peu notable qu'il faille citer dans ce tableau ; mais la tête de la sainte Catherine suffit, à notre avis, pour racheter tout cela. Si cette tête se rencontrait dans un tableau peint à Florence, un ou deux ans plus tard, on ne manquerait pas de l'admirer ; ce profil si candide et si pur, ces blondes tresses si gracieusement nouées, en quelque lieu qu'on les trouvât, auraient un charme souverain ; mais là, dans cet ensemble, dans cette composition empreinte encore d'archaïsme ombrien, ne sent-on pas que cette tête, outre sa propre beauté, prend comme un autre attrait d'un genre particulier, l'attrait d'un fruit précoce et précurseur ? Raphaël, le vrai Raphaël, est déjà là tout entier, par son impulsion propre et par sa propre séve. En vérité, quand un pareil trésor vous tombe entre les mains, le laisser échapper, ce serait de la barbarie. Nous ne parlons pas seulement de cette sainte Catherine : l'Enfant Jésus, le saint Pierre, le saint Paul aussi, bien que moins vivants et déjà presque un peu trop académiques, enfin la sainte Vierge, dont le type allongé ne manque ni de grandeur ni de pureté mystiques, ce sont là des beautés de franc aloi, indépendamment même de tout intérêt historique. Ajoutez-y la vigueur du coloris, la transparence des chairs, la hardiesse des empâtements dans les draperies, une certaine intensité générale de ton qui semble faire pressentir les Vénitiens, et vous conviendrez que ce panneau central, non moins que le tympan, doit, malgré quelques taches, passer pour une des œuvres de premier ordre que tous les musées d'Europe doivent se disputer.

Nous ne comprenons qu'une seule objection à ce projet d'achat que nous nous permettons d'appuyer de nos vœux, et cette objection n'a point trait au tableau, ne conteste ni les beautés dont il abonde, ni les enseignements qui en découlent; elle est d'un tout autre ordre, et ceux qui la soulèvent, entre autres l'habile directeur d'une feuille qui fait autorité en de telles questions, la *Gazette des Beaux-Arts*, sont les admirateurs sincères, intelligents de cette œuvre d'élite, et souhaitent avec passion que notre musée en reçoive comme un glorieux complément; mais voici ce qu'ils disent : « Pour un achat de cette importance, il faut qu'un crédit soit demandé à la Chambre, à moins que la liste civile ne prenne la dépense entièrement à son compte, auquel cas l'objection disparaît; mais si un crédit est nécessaire, qui le demandera? M. le ministre des Beaux-Arts n'a pas les musées dans ses attributions; sera-t-il en situation d'obtenir cette somme lorsqu'il ne pourra promettre ni surtout garantir à la Chambre que le tableau une fois acquis ne sera pas exposé aux volontés capricieuses d'une administration sans contrôle, et qu'au lieu d'être offert au public comme un sujet d'étude et de travail, il ne deviendra pas, comme à Naples, l'ornement tout privé de quelque habitation princière? » Pour motiver ce genre d'appréhension, ils n'ont pas même besoin de réveiller le souvenir du cercle impérial et des tableaux du Louvre servant à le tapisser : on pourrait dire que l'histoire est ancienne, que la leçon a été bonne, qu'on en profitera; non, ils nous citent comme exemple des audacieux caprices qu'il y aurait lieu de redouter, ce qui, à l'heure même où nous écrivons, se passe dans le palais du Louvre, ce que le public ignore encore, ce que dans quelques jours, dit-on, il verra de ses yeux.

Un riche amateur de peinture a eu naguère l'heureuse et très-honorable idée de léguer à notre musée une précieuse collection de tableaux du xviiiᵉ siècle acquis par lui avec amour et discernement pendant cinquante années. Que la direction du Musée se fût empressée d'établir dans les parties inoccupées du Louvre un local convenable à l'exposition du cabinet de M. Lacaze, qu'on eût à cet effet disposé, décoré un ou plusieurs salons sans regarder à la dépense, rien de mieux, nous n'aurions pu donner trop d'éloges à cette sollicitude éclairée; mais pour créer fallait-il donc détruire? Pour nous faire jouir de ces gracieuses productions de l'esprit français, fallait-il nous priver d'une adorable série des œuvres les plus charmantes et les plus pures du génie grec? En vérité, c'est à n'y pas croire. Nous ne pouvons nous imaginer qu'il faut renoncer à revoir dans cette vaste salle des États, sous cette lumière tombant de haut et accusant si bien les moindres reliefs, dans ces belles vitrines, derrière ces grandes glaces, et dans un ordre si méthodique et si artistement combiné, cette collection de terres cuites antiques, incomparable et introuvable, qui seule avait justifié l'acquisition tardive et onéreuse du musée Campana en partie défloré, devant laquelle tous les savants d'Europe s'étaient extasiés, ne sachant ce qu'ils devaient nous envier le plus de la collection elle-même ou de cette façon de la faire si bien valoir. Rien à coup sûr, depuis bien des années, n'avait fait plus d'honneur à la direction de nos musées que l'arrangement de cette salle ; rien n'avait tant charmé nos artistes, même nos industriels, qui devant ces admirables figurines, ces bas-reliefs exquis, devant ces heureux exemples de la couleur appliquée à la plastique, avaient puisé des notions de style dont la trace commence à se faire sentir dans certaines productions de notre haute industrie. Eh bien ! cette salle si parfaitement éclairée, si habilement disposée pour l'étude, permettant même aux moins instruits de comparer entre eux tous ces petits chefs-d'œuvre sans déplacement et sans efforts, cette salle, vous ne la verrez plus, elle a cessé d'exister; les vitrines sont enlevées; les terres cuites iront où elles pourront ; on s'occupera de les loger quand on en aura le temps; on les divisera peut-être, sans pitié pour la chronologie; on parle même de les trier, d'en envoyer la moitié en province; peu importe, on fera ce qu'on voudra, cela ne regarde personne. En attendant, elles sont déposées depuis cinq mois sur le parquet de la galerie Charles X, qu'elles encombrent et qui par suite est fermée au public. Pourquoi ce bouleversement! pourquoi cette destruction d'une œuvre faite à grands frais voilà tout au plus six ans? Parce que c'est dans cette salle et pas ailleurs qu'on a la fantaisie de nous faire voir les tableaux de M. Lacaze. S'y trouveront-ils bien? Ce jour si haut, favorable aux terres cuites, le sera-t-il à ces petites œuvres coquettes, chiffonnées, à cet art de boudoir? Nous nous permettons d'en douter. Quand ce serait à tort, et cette charmante collection eût-elle dans ce local tout le succès du monde, nous n'en resterions pas moins aussi attristé que confondu devant ce coup d'état à la sourdine, sans avertissement, sans consultation, devant ce mépris des habitudes du public, de la prédilection des artistes, des hommes d'étude et de savoir.

Eh bien! voilà l'exemple qu'on nous oppose quand nous disons : demandez à la Chambre un crédit pour ne pas laisser l'Angleterre nous dérober la *madone de Pérouse*. Il faut en convenir, si la France veut que ses grandes collections d'art soient maintenues à la hauteur des principaux musées d'Europe, presque tous aujourd'hui si largement dotés, tandis que les nôtres végètent sous de misérables allocations, ce n'est pas un supplément de liste civile que ses mandataires devront voter. Rendre plus abondante une source qui se gouverne ainsi, ce ne serait pas féconder le domaine de l'art, ce serait l'exposer aux brusques alternatives de volontés changeantes, plus instables que les saisons. Nous ne voyons qu'un moyen d'assurer à nos collections la splendeur que notre patriotisme ne cesse d'envier pour elles, c'est que le souverain, qui vient de faire en politique de l'abnégation bien entendue et d'accroître ses forces en diminuant ses attributions, pendant qu'il est en train, fasse pour l'esthétique un sacrifice analogue, dont il recueillerait au centuple les fruits. Que la couronne se décharge de ce fardeau des musées; qu'elle renonce à un droit qui, pour être dignement exercé, lui deviendrait trop onéreux; que le pays, rentré en possession de ses collections, les entoure de garanties et les développe avec discernement et largesses; il y aurait là plus qu'un progrès pour nos arts et pour nos artistes, nous y verrions comme un heureux prélude d'un nouvel avenir, d'une transformation intellectuelle du pays. Espérons que ces idées ne sont pas jetées au vent, qu'il en germera quelque chose, et que, pour inaugurer nos espérances et pour nous consoler aussi de ces pauvres terres cuites si méchamment évincées, nous ne tarderons pas à voir la *madone de Pérouse* passer du salon obscur où elle est en dépôt aux honneurs du salon carré.

L. VITET.

JOURNAL DES DÉBATS

Paris, 2 mars 1870.

La Vierge du monastère de Saint-Antoine-de-Padoue à Pérouse exposée au musée du Louvre.

Le tableau de Raphaël, dont notre confrère M. John Lemoinne annonçait l'autre jour la présence à Paris avec tant d'esprit, de verve et de belle humeur, vient d'être exposé dans la salle des batailles de Lebrun, au musée du Louvre, et nous voudrions, maintenant que le public est admis à visiter cette importante peinture, donner quelques renseignements sur sa date, les circonstances dans lesquelles elle a été exécutée, et, en marquant ainsi sa place historique, indiquer l'intérêt très-particulier qu'elle présente.

On peut considérer une œuvre d'art à un double point de vue. Elle a d'abord une valeur absolue : un certain degré de beauté, d'excellence.

A cet égard, nous devons de suite avertir le public que, pour admirable qu'elle soit, la *Vierge du monastère de Saint-Antoine* ne peut en aucune manière soutenir là comparaison ni avec la *Belle Jardinière*, la *Vierge au voile*, la grande *Sainte Famille* de François Ier, que l'on voit dans une salle voisine, ni avec tant d'autres chefs-d'œuvre que possèdent les grands musées de l'Europe, et que le maître divin exécuta, quelques années plus tard, dans la force de son âge et dans la plénitude de son talent. Ce sont là des fruits exquis d'un arbre parvenu à son entière croissance, des compositions absolument personnelles, qui semblent nées spontanément dans l'esprit de Raphaël, qu'aucune hésitation, aucune réminiscence ne déparent, et auxquelles le goût le plus sévère ne saurait rien reprendre. Mais l'œuvre de l'artiste peut avoir un autre genre d'intérêt. Elle marque un pas, un progrès dans son talent, une modification heureuse ou malheureuse dans sa manière, et, sous ce rapport, le tableau qui nous occupe est capital, car il montre Raphaël encore tout pénétré des doctrines ombriennes et de cet enthousiasme mystique qui dans cette école était une religion autant qu'une tradition d'art, balbutiant les premiers mots de la langue qu'il allait parler avec tant d'éloquence, et faisant un effort sensible pour échapper au système conventionnel du Pérugin. Jetons donc un rapide coup d'œil sur les premières années de la carrière du peintre d'Urbin.

C'est en 1495 ou 1496 que Raphaël, alors âgé de douze ou treize ans, entra dans l'atelier du Pérugin. Le maître ombrien était alors dans toute sa force. Il n'avait pas encore adopté cette manière expéditive, négligée, ces répétitions perpétuelles des mêmes compositions, des mêmes types, des mêmes expressions qui ne sont plus d'un artiste, mais d'un spéculateur ayant pris la peinture religieuse pour objet de son industrie, et qui, à partir des fresques de la salle du *Cambio* de Pérouse, déshonorent les vingt-cinq dernières années de sa vie. Il venait de faire ses chefs-d'œuvre, exécutés tous avant l'année 1500 : le *Mariage de la Vierge* du musée de Caen, la *Pietà* du palais Pitti, l'*Ascension* du musée de Lyon, et l'admirable fresque de *Sainte Marie-Madeleine* à Florence. Raphaël resta dans son atelier presque sans interruption jusqu'en 1504. Pendant ces années d'apprentissage, malgré la précocité de son talent, il paraît s'être religieusement conformé aux enseignements de son maître et soumis à une discipline qui était beaucoup plus sévère dans l'école d'Ombrie que dans celle de Florence. Aussi ne peut-on distinguer qu'avec peine quelques-uns de ses premiers ouvrages de ceux du Pérugin, et, sans les renseignements précis qui suppléent au caractère personnel, il serait permis de confondre plusieurs des tableaux de l'élève avec ceux du maître. Dans cette admirable contrée de Pérouse, celui qu'on avait avec tant de raison nommé *il Graziosissimo* prolongeait son adolescence sans paraître désirer d'essayer de trop bonne heure ses propres forces. Son activité était cependant très-grande, car l'on connaît une vingtaine de tableaux au moins qu'il faut rapporter à cette première période. Déjà ses productions avaient cette facilité sans négligence, cette aisance de facture dont il donna plus tard de si étonnants exemples; et, à défaut d'originalité dans les compositions (qui rappellent très-directement celles de son maître), l'élégance, la suavité, la grâce font pressentir le grand Raphaël de Florence et de Rome.

Pendant un séjour que le Pérugin fit à Florence en 1500, le Sanzio, âgé de dix-sept ans, se rendit avec quelques-uns de ses amis à Città di Castello, et y fit plusieurs tableaux qui, pour être peints de sa main, n'en sont pas moins presque entièrement péruginesques de composition et de facture, mais auxquels leur date donne un grand intérêt. *Le Couronnement de saint Nicolas de Tolentino par la Vierge et par saint Augustin* est malheureusement perdu, mais, d'après Lanzi et les études pour ce tableau qui existent au musée de Lille, cette composition montrait déjà quelques traces d'un style nouveau. Raphaël s'écarte déjà légèrement de la tradition, en disposant ses personnages avec moins de symétrie que ne l'eût fait le Pérugin, et en leur donnant plus de mouvement; et quoique Vasari nous dise que si ce tableau n'était pas signé on le croirait du Pérugin, Lanzi remarque que si le style est encore celui du maître, c'est à l'élève qu'appartient la disposition du sujet.

De la même année, d'après M. Passavant, de 1504 seulement, selon Rumohr, serait le *Christ en croix*, qui a passé de la galerie de Fesch dans celle de lord Ward. L'*Assomption*, ou plus exactement le *Couronnement de la Vierge*, du musée du Vatican, que nous avons eu à Paris de 1797 à 1815, appartiendrait à l'année 1502 ou 1503. Mais entre tous les ouvrages que Raphaël exécuta pendant cette première période, son *Sposalizio* de la galerie Brera, signé et daté de 1504, indique d'une manière très-précise que le jeune peintre d'Urbin était loin de s'être encore affranchi de la tutelle de son maître. Le *Mariage de la Vierge* est une œuvre admirable et charmante, dont s'enorgueillit avec raison le musée de Milan, mais elle n'est point originale : c'est une répétition presque textuelle du beau tableau que le Pérugin fit en 1495 pour la cathédrale de Pérouse, et que possède aujourd'hui le musée de Caen. Les deux compositions sont pour ainsi dire calquées l'une sur l'autre : même disposition, mêmes types, même dessin un peu sec et grêle, même coloration vive et un peu vitreuse, même exagération dans la longueur des figures, même fond d'architecture dont le Pérugin avait déjà introduit le motif dans la fresque de la Sixtine : le *Christ donnant les clefs à saint Pierre*. Dans le tableau de Raphaël se trouvent cependant quelques modifications que l'on doit noter : il a donné plus d'importance au temple, dont les profils et les moindres détails sont étudiés avec un soin extrême; il a transposé les deux groupes d'hommes et de femmes, diminué la proportion des figures, auxquelles il a prêté une naïveté, une pureté, une beauté qui n'existent pas au même degré dans l'œuvre du Pérugin.

C'est encore en 1504, un peu plus tôt peut-être, que Raphaël, étant allé faire un séjour dans sa ville natale, peignit pour le duc Guidobaldo les deux charmants petits tableaux du Louvre : le *Saint Georges* et le *Saint Michel*. Dans le *Saint Georges* surtout, le feu, la vivacité de l'action, la justesse des mouvements, la beauté du cheval et du cavalier, l'harmonie des lignes générales, la délicatesse de la couleur, l'aisance, la grâce de toute la composition font pressentir le style que Raphaël allait adopter, et ce n'est pas sans émotion que l'on considère dans cette œuvre juvénile et déjà exquise le début d'une carrière qui devait aboutir aux *Chambres* du Vatican, aux *Cartons* d'Hampton Court, aux *Sibylles* de la Pace et à la *Transfiguration*.

C'est à cette même époque de transition qu'appartient le tableau exposé au Louvre, et on comprendra que les conditions dans lesquelles il fut exécuté expliquent pourquoi les modifications qui se firent alors dans la manière de Raphaël s'y montrent d'une manière plus sensible que dans le *Christ en Croix*, le *Couronnement de la Vierge*, ou le *Sposalizio*. En effet, cet ouvrage, commandé par les religieuses du couvent de Saint-Antoine de Padoue à Pérouse, et que Raphaël commença dès 1504, ne fut terminé qu'un an et demi ou deux ans plus tard, après le premier séjour que le peintre fit à Florence. Aussi le plan du tableau, sa disposition générale rappelle-t-elle complétement les habitudes de l'Ombrie, tandis qu'un certain choix de formes, plus de mouvement dans les figures, une préoccupation très-évidente du coloris témoignent d'une influence nouvelle. Il est à peine besoin de décrire la composition ; elle est semblable à la plupart de celles qui représentent le même sujet et sont de la même époque. La Vierge, assise sur un trône élevé, tient sur ses genoux l'Enfant Jésus, qui bénit le petit saint Jean. De chaque côté du trône, on voit sainte Catherine d'Alexandrie et sainte Dorothée, avec des palmes, symbole de leur martyre, et en avant saint Pierre et saint Paul. On remarquera que le *bambino* est vêtu. Cette dérogation aux traditions de la peinture religieuse fut motivée par la volonté expresse des pudiques religieuses, comme nous l'apprend Vasari. Cette composition est surmontée d'un tympan dans lequel est représenté le Père Eternel à mi-corps avec deux anges qui l'adorent et deux têtes de chérubins. Un gradin en formait la base ; mais les cinq petits sujets qui le composaient ont été dispersés. On le voit : l'ordonnance ne diffère en rien d'une foule de tableaux de la même école. C'est de l'art hiératique. Pérugin n'aurait pas fait autrement. Mais Raphaël avait à peine terminé son ébauche et avancé peut-être la figure de la Vierge et celle des deux saints, qu'il part pour Florence, et on comprend que la vue des chefs-d'œuvre dont il n'avait nulle idée fit naître dans son esprit un trouble, une hésitation qui se trahissent dans ce tableau. C'est alors qu'il étudia et copia les fresques de Massacio au Carmine, et qu'il vit probablement la *Vierge* des Offices de Michel-Ange, la *Joconde* de Léonard, et aussi les Antiques que Laurent de Médicis avait rassemblé dans les jardins de Saint-Marc. Il se lia très-intimement avec quelques artistes de son âge, entre autres avec Ridolfo Ghirlandajo et Giuliano de San-Gallo. Toutefois celui qui agit le plus puissamment sur lui, ce fut Fra Bartolommeo. Son enthousiasme religieux, la nature des sujets qu'il traitait devaient attirer Raphaël, qui avait sans doute apporté à Florence les convictions de son enfance, et la peinture austère et brillante du pieux moine était bien faite pour initier l'élève du Pérugin à la science florentine, et lui permettre d'apprécier une école si différente de celle qu'il quittait. De retour à Pérouse, Raphaël reprit et termina son tableau.

Je crois qu'il est permis de supposer que c'est alors que, sans modifier en rien la disposition de son ouvrage, il acheva le *Saint Pierre*, l'*Enfant Jésus*, les deux saintes dont les têtes, les mains et les draperies témoignent plus particulièrement que le reste de l'ouvrage de l'influence florentine ; qu'il donna aux expressions, avec un accent plus individuel, une noblesse, une pureté, une tendresse dignes du grand Raphaël, ainsi qu'à l'ensemble de son œuvre cette coloration puissante qui a tant frappé les artistes, et que pour ma part je ne sais trop comment expliquer.

La couleur de ce tableau n'est en effet ni celle du Pérugin ni celle des maîtres de Florence. Pérugin procède par teintes plates, par tons vifs, entiers et un peu vitreux. Sa couleur, très-éclatante pourtant, n'est pas celle d'un coloriste. Les Florentins, dont la préoccupation dominante est la grandeur et l'élégance du dessin, la justesse, la pureté, la précision du modelé, négligèrent la couleur et choisirent ces tonalités grises qui se prêtaient à leurs intentions, et que Raphaël adopta par la suite. Ici, je crois reconnaître une influence très-marquée des premiers maîtres vénitiens. Les deux figures de saintes (que l'on remarque surtout le corsage vert de sainte Dorothée) et plusieurs autres parties de l'ouvrage sont exécutées par glacis et m'ont rappelé certains ouvrages de Carlo Crivelli. Il ne faut peut-être pas chercher trop loin. Le génie de Raphaël était d'une merveilleuse souplesse. N'est-ce pas lui le dessinateur sévère qui a peint le *Joueur de violon* du palais Sciarra, le *Portrait d'Altoviti* de Munich, peut-être même cette admirable *Fornarina* des Offices de Florence ? Les plus grands coloristes ne craindraient certainement pas de signer de pareils morceaux. Il y a là un petit problème que de plus savants que moi résoudront peut-être.

Quoi qu'il en soit, ce tableau est probablement le plus considérable et le plus intéressant que Raphaël ait fait dans cette période de transition, car, comme je l'ai dit plus haut, le *Mariage de la Vierge*, du musée Brera, est loin de lui appartenir complétement. Au temps de Vasari, la *Vierge de Saint-Antoine de Padoue* passait pour un des plus beaux ouvrages de la première manière du maître. Il fut vendu en 1678 par les religieuses de Pérouse au comte Bigazzini, à Rome. Il entra, à la fin du siècle dernier, dans la galerie Colonna, et fut acheté en 1802 par le roi de Naples, qui le gardait si jalousement dans ses appartements particuliers qu'il n'avait été vu jusqu'ici que par un petit nombre de personnes. Il nous est parvenu dans le plus rare état de conservation. Le voilà au Louvre, et tous les amis des arts doivent désirer qu'il y reste et que nous complétions par un morceau aussi précieux notre collection de Raphaëls, qui déjà est presque sans rivales.

CHARLES CLÉMENT.

L'AVENIR NATIONAL.

Paris, 5 mars 1870.

Un tableau de Raphaël.

On voit en ce moment au Louvre, dans la salle des *Batailles de Lebrun*, un tableau de Raphaël, dont on propose l'acquisition au musée. Les tableaux de Raphaël, qui sont encore entre les mains des particuliers, sont aujourd'hui très-rares, et on peut prévoir que, dans un temps assez rapproché, les œuvres du grand maître seront toutes dans les collections publiques de l'Europe. C'est ce qui explique pourquoi ceux qui sont encore à vendre atteignent des prix si fabuleux. Celui-ci nous restera-t-il ? ou bien ira-t-il enrichir la *National Gallery* de Londres ou le palais de l'*Ermitage* de Saint-Pétersbourg ? Le budget de notre musée est tellement maigre, que nous n'avons qu'un bien faible espoir de voir rester en France un tableau de cette importance, et nous engageons fortement les artistes et les amateurs à l'aller voir avant qu'il ne nous soit enlevé.

Examinons d'abord les titres du tableau. Il a été exécuté, de 1504 à 1505, pour le maître-autel du monastère de Saint-Antoine de Padoue, à Pérouse. En 1678, il a été vendu au comte Gio-Antonio Bigazzini, et est entré ensuite dans la galerie Colonna, dont il est sorti en 1802 pour devenir la propriété de Ferdinand IV, roi de Naples. C'est donc par héritage que le tableau est passé aux mains du roi François qui, tout récemment, en a fait don au comte Bermudez de Castro, propriétaire actuel.

C'est un tableau d'autel en deux parties et peint sur bois. La partie

supérieure est de forme cintrée et montre dans une disposition ar-
chaïque, le Père Eternel, vu à mi-corps et tenant le globe du monde,
adoré par deux anges et deux chérubins, placés à ses côtés. La partie inférieure, au contraire, est d'une forme presque carrée. La Vierge assise
sur un trône qu'ombrage un dais circulaire, soutient l'Enfant Jésus qui
se penche pour embrasser le petit saint Jean. A droite, saint Paul et
sainte Dorothée; à gauche, saint Pierre et sainte Catherine assistent à la
scène. Au fond, on aperçoit dans la campagne un couvent sur une émi-
nence. L'Enfant Jésus est vêtu, contrairement à toutes les habitudes de
Raphaël. Vasari nous donne la raison de ce fait : « Les religieuses de
Saint-Antoine de Padoue, dit l'historien des peintres, lui commandèrent
une Vierge tenant son fils *habillé*, ce que Raphaël fit, pour se conformer au vœu pudique de ces chastes et vénérables filles. »

La description que Vasari fait de ce tableau lui donne une grande valeur dans l'histoire de l'art, parce qu'il montre l'importance qu'on y atta-
chait de son temps. Il parle des têtes des saintes « d'un caractère plein
de douceur et de pureté, qui furent regardées comme quelque chose
d'entièrement nouveau, » et il termine en disant : « Ce chef-d'œuvre est
vénéré par les religieuses de Saint-Antoine et admiré par tous les peintres. » Raphaël avait vingt et un ans lorsqu'il a exécuté ce tableau, qui,
dans certaines parties, notamment les mains, trahit encore l'inexpé-
rience d'un jeune homme. Mais la fermeté avec laquelle sont peintes les
têtes des hommes, et la grâce répandue sur celles des femmes, montrent
déjà le grand maître. C'est un tableau de transition entre la première
et la seconde manière, et ce mélange de la tradition péruginesque dans
certaines parties, et de la personnalité qui perce dans d'autres en fait
une œuvre unique.

On peut voir dans l'église Saint-Gervais, à Paris, au-dessus du banc
d'œuvre, un tableau demi-circulaire, attribué, non sans quelque vrai-
semblance, au Pérugin. La composition, qui représente le Père Eternel
adoré par les anges, est à peu près la même qu'on retrouve dans la partie cintrée qui forme le haut du tableau de Raphaël; mais celui-ci est
d'une exécution très-supérieure. Il est, en outre, d'une couleur admirable qui fait penser à Giorgione. On sait que c'est une qualité que Raphaël n'a pas toujours retrouvée plus tard, lorsqu'il s'est fait aider par
ses élèves. Mais ici tout est de sa main, et si l'on songe au nombre et à la
dimension des figures, on verra de quelle importance une pareille acquisition serait pour notre Musée.

Cette œuvre précieuse à tant de titres nous restera-t-elle ? On sait que
l'organisation de nos grandes collections d'art date de la première république. La Convention nationale, au milieu de ses graves préoccupations,
n'avait pas oublié les arts, et avait voté une allocation pour acheter dans
les ventes particulières *les tableaux ou statues qu'il importait de ne
point laisser passer en pays étrangers.* Il ne s'agissait que de tableaux

et de statues, et au prix où ils étaient alors, la dotation du Musée était très-suffisante, mais depuis, les œuvres d'art ont décuplé de valeur, et la dotation qui est restée la même, est devenue d'autant plus dérisoire, qu'on a créé des sections nouvelles, un musée égyptien, un musée étrusque, un musée de céramique, etc., et que la maigre somme dont on dispose est à répartir entre toutes ces sections. C'est ce qui explique pourquoi toutes les grandes collections de l'Europe, qui sont de formation récente, se sont enrichies de tant d'œuvres précieuses, tandis que le Louvre est resté à peu près stationnaire. C'est, en somme, une mauvaise économie, car l'acquisition d'une œuvre d'art pour un musée public, constitue un placement pour le pays bien plutôt qu'une dépense. Les gens qui ont affaire à Bruxelles ne manquent pas d'aller visiter Anvers par la même occasion, et certes Rubens y est pour quelque chose : les Anversois le savent bien. Il y a en Italie des petites villes qui n'ont ni commerce, ni industrie, mais qui ont dans leur église un tableau célèbre, et cela suffit pour attirer les étrangers et faire vivre le pays.

La somme dont le Louvre peut disposer pour l'ensemble de ses collections est de cent mille francs, et comme un tableau important dépasserait à lui tout seul ce chiffre, il faudrait pour l'acquérir demander à la Chambre un crédit exceptionnel. Or, dans la situation bizarre qui est faite à notre Musée, qui est-ce qui le demanderait ? Est-ce le ministre des beaux-arts ? mais par une anomalie singulière, le Musée n'est pas dans ses attributions, et il n'a rien à y voir. Ce serait donc le ministre de la maison de l'empereur, mais il ne pourrait le faire qu'au nom de la liste civile, et alors les députés trouveraient sans doute qu'elle est assez riche comme cela, et n'a pas besoin de crédit exceptionnel !

Il faut bien le dire : la France n'a pas de Musée. L'empereur nous octroie la permission de voir quelques-uns des tableaux dont il dispose, et il la reprend quand bon lui semble. Il est vrai que la liste civile n'est qu'usufruitière, et que les collections appartiennent en propre à l'Etat, mais comme la liste civile en a seule l'administration, tout contrôle demeure impossible. D'ailleurs les souverains ont toujours considéré le Musée comme leur chose propre ; en voici la preuve : On a replacé dernièrement au Louvre un tableau de Raphaël, représentant saint Jean-Baptiste, qui provient de nos anciennes collections. En 1820, le roi Louis XVIII le *donna*, sur la demande du duc de Maillé, à l'église de Longpont, petit village situé près de Montlhéry (Seine-et-Oise). Là le tableau se détériora tellement par l'humidité, que la fabrique ne voulant plus le conserver parce qu'on n'y voyait absolument rien, le rendit au duc de Maillé. Celui-ci étant mort, les héritiers le trouvèrent *dans un grenier*, et ne sachant pas ce que c'était, le firent vendre avec les vieux meubles de rebut. Il se présenta un acquéreur pour la somme de *cinquante-neuf francs*, et celui-ci ayant reconnu, sous la crasse et les champignons, que c'était un tableau de maître, mais n'en connaissant

5

pas la provenance, alla le proposer au Louvre pour soixante mille francs. Les conservateurs reconnurent le tableau du Musée et refusèrent de le rendre. Un procès s'en suivit, et un arrêt de la cour royale, daté de 1838, fit restituer le tableau à la liste civile, sans autre indemnité que la somme de 59 francs. Ce tableau, malgré le soin avec lequel il a été restauré par M. Wilhems, notre habile peintre de genre, porte les marques d'une dégradation déplorable.

Mais, dira-t-on, la liste civile actuelle n'est pas responsable des actes de la Restauration, et elle garde soigneusement le précieux dépôt qui lui est confié. Nous voulons le croire, mais nous serions heureux de savoir ce que sont devenus les 619 tableaux qui manquent au Louvre et qui sont marqués au Catalogue. Ce ne sont pas des œuvres de rebut qu'on peut reléguer dans les magasins d'un musée, ce sont de vieux amis, des chefs-d'œuvre des maîtres que nous avons appris à aimer dans notre enfance, et dont nous sommes aujourd'hui privés. La *Chronique des arts*, du 31 octobre 1869, en a publié la liste ; il y a des Van Dyck, des Rubens, des Murillo, etc. Ce journal, dirigé par M. Emile Galichon, est le premier qui se soit fait l'organe des besoins de nos musées, et les idées émises par son rédacteur en chef sont aujourd'hui admises par tous les artistes et par tous ceux qui s'intéressent à l'art. Avait-il tort, lorsqu'il se plaignait que pour les besoins particuliers de la couronne, ont ait installé des écuries et logé des palefreniers, sous les galeries qui contiennent nos collections les plus précieuses, quand la moindre imprudence pourrait causer un désastre que la fortune entière de la France ne suffirait à réparer ? Tout cela serait-il arrivé si nos musées, au lieu de faire partie de la couronne, avaient été administrés par l'Etat, c'est-à-dire considérés comme une chose nationale, destinée à l'instruction de tous, et non comme une chose de luxe faisant partie du mobilier de l'empereur ?

Quand on a formé le ministère des beaux-arts, nous avions cru un moment qu'on rangerait les musées dans ses attributions, ainsi que le commandait le simple bon sens. Nous avions espéré que notre industrie nationale, si intimement liée aux beaux-arts par les questions de goût, trouverait là un appui dont elle a besoin, et que nos collections, qui sont des réunions de modèles pour les travailleurs, feraient partie d'une administration qui, sans cela, n'a vraiment pas de raison d'être. Si cela avait été, le ministre des beaux-arts serait aujourd'hui autorisé à dire au pays : voilà notre budget, voilà celui des musées de Londres, de Berlin, de Saint-Pétersbourg, comparez. Quand la Convention a institué le musée, elle a voulu que la France fût par l'art comme par la politique, la première nation de l'Europe. Voulez-vous aujourd'hui qu'elle soit la dernière ? Mais, pour le moment, les musées sont à la couronne, qui peut y puiser pour meubler ses châteaux, où les tableaux des grands maîtres sont un divertissement comme les bals des Tuileries et les chasses de Compiègne. Quand donc comprendra-t-on que les chefs-

d'œuvre de l'art ne doivent pas rester dans les magasins, que leur place
est au Musée et qu'ils n'en doivent pas sortir, parce qu'un musée est
une institution d'utilité publique, qui a pour but d'instruire et de mo-
raliser la nation en développant chez elle le sentiment et l'amour du
beau.

René Ménard.

L'AVENIR NATIONAL

Paris, 10 mars 1870.

A M. René Ménard.

« Monsieur le rédacteur,

« Si j'en crois votre excellent article sur le tableau de Raphaël exposé
au Louvre depuis un mois, nous sommes menacés de voir partir ce chef-
d'œuvre pour l'étranger, faute de fonds disponibles au ministère des
beaux-arts, au moment où tant de millions sont follement jetés par des
particuliers sur des toiles de peintres de troisième ordre. Votre crainte,
que je partage, m'a inspiré les réflexions que je vais formuler brièvement.
Soit que vous les imprimiez à. part, soit que, les approuvant, vous en
tiriez parti dans un de vos articles substantiels, je serai heureux d'avoir
servi à dévoiler un des trafics honteux auxquels les arts se trouvent livrés
aujourd'hui par nos nababs, qui pourraient faire un bien meilleur usage
de leur fortune. Voici donc ce que, pour vos lecteurs ou pour vous, je
me suis permis d'écrire à la hâte et sans prétention sur un sujet à l'ordre
du jour :

> « L'enchère des tableaux a ses licences; mais
> Celle-ci passe un peu les bornes que j'y mets. »

« La vente de la galerie San Donato marquera dans l'histoire des
extravagances humaines. Ce n'est plus un tableau que l'on achète, c'est
le clou auquel le tableau était attaché; le mérite d'une œuvre n'est que
fort secondaire; la dernière provenance du cadre, voilà son principal

attrait. La collection de M. Demidoff était renommée non sans raison, bien que déparée par un peu de *frelatage*. Déjà deux ventes partielles, qui avaient eu lieu dans les dernières années, avaient été l'occasion de luttes de billets de banque plus ou moins intelligents ; mais ce n'étaient que des escarmouches avant les furieuses batailles de ces huit jours, où le gros de la galerie San Donato a été livré aux combattants.

« L'art n'a rien à voir dans ces ventes d'objets d'art, et le bon goût y disparaît devant la mode. Les amateurs véritables sont obligés de se retirer devant les millionnaires qui arrivent, non pas avec des connaissances acquises par l'étude, mais avec des fortunes souvent conquises par un coup de Bourse. Il s'en suit naturellement que la spéculation domine dans ces marchés de tableaux, que le faux est vendu pour du vrai, les copies pour des originaux, les toiles repeintes ou fatiguées pour des peintures respectées par les barbouilleurs ou par le temps. De là les attributions erronées d'une œuvre, qui sont facilement acceptées par l'ignorance ou par la vanité.

« C'est ainsi que l'on a vendu l'autre jour des tableaux de Callet jusqu'à 5o,ooo francs, parce qu'ils avaient été inscrits sous le nom de Boucher. Et si ces erreurs ont été commises avec des tableaux du siècle dernier, on comprend qu'elles soient plus faciles encore et plus facilement acceptées pour des peintures anciennes. Aussi, un faux Giorgion a-t-il été porté, l'autre jour, à 55,ooo francs, et nous ne savons à quel prix fou aura été adjugé un petit Murillo très-contestable.

« Quoi encore de plus contraire au bon sens que ces Greuze, après avoir longtemps séjourné, faute d'amateurs, chez les plus infimes marchands de tableaux où on les donnait pour 1o écus, vendus 4, 6, 8,ooo francs, il y a une dizaine d'années, et poussés hier jusqu'au delà de 1oo,ooo francs? L'art, nous le répétons, n'est pour rien dans ces concurrences folles. Le sot désir de se rendre publiquement acquéreur d'un tableau provenant d'une collection renommée s'empare tout à coup d'un cinquième d'agent de change, d'un financier véreux, d'un marchand enrichi, d'un fils de famille prodigue, et on les voit lutter victorieusement de surenchères avec un connaisseur amoureux de l'œuvre même, et qui l'apprécierait, non en raison de ce qu'elle aurait coûté, mais en raison de son prix artistique.

« Mais ce n'est pas tout : à la vanité se joint bien souvent l'idée du lucre dans ces folies du jour. La plupart de ces grands seigneurs de naissance ou de finance, qui achètent et font pompeusement mettre leurs noms dans les journaux, sont d'adroits spéculateurs qui, comme Morny, achètent cher dans l'espoir de revendre plus cher encore. Russes, Anglais, Prussiens, Français, leur réputation est faite ; l'hôtel des ventes est pour eux une seconde Bourse : rien de plus, rien de mieux.

« Est-on dans l'erreur sur leur compte? Ont-ils dans l'esprit, dans le cœur quelque chose des amateurs intelligents, ces heureux adjudicataires de tableaux mis sur table dans nos ventes les plus renommées? S'ils ne sont pas uniquement désireux de posséder en orgueilleux ou de revendre en brocanteurs; s'ils portent en eux l'amour vrai des chefs-d'œuvre, une occasion de prouver cette passion noble et dépourvue d'égoïsme se présente.

« Un tableau de la première manière de Raphaël, la *Vierge de Pérouse,* est à vendre en ce moment. Exposé au Louvre, dans la salle où les batailles de Lebrun se trouvent plongées dans l'obscurité et sacrifiées, ce Raphaël authentique, autour duquel la foule se porte, est offert à la France pour un million (d'autres disent 750,000 francs). Une telle somme, l'administration du Musée est dans l'impossibilité de la donner, et il serait bien difficile de l'arracher à la Chambre des députés. Eh bien! que les riches acquéreurs des Greuze et des Boucher ouvrent une souscription et s'inscrivent chacun pour la dixième partie seulement d'une de leurs adjudications, et le million sera bientôt réalisé. Nous leur promettons que les vrais amateurs ne seront pas humiliés de s'inscrire après eux pour des sommes infiniment moindres. De cette façon, le Raphaël, porté au catalogue du musée du Louvre et devenu propriété nationale, pourra être admiré des pauvres comme des riches.

« Pour la satisfaction des amours-propres, on pourrait inscrire sur le cadre le nom des souscripteurs, avec leur adresse et même leurs décorations.

« Agréez, etc.

« VERDIER. »

L'UNIVERS.

Paris, 11 mars 1870.

Un Raphaël.

Depuis quelques jours la foule des artistes et des curieux se porte au Musée du Louvre, pour contempler un tableau de Raphaël exposé momentanément dans une salle accessible au public tous les jours, de 11 heures à 4 heures.

Malgré l'avalanche des documents à publier, malgré le déluge d'éloquence parlementaire et les feux croisés et roulants de la polémique,

nous demandons une petite place, une portioncule de publicité en faveur de Raphaël ; non pas que nous prétendions lui faire une réclame ;
à Dieu ne plaise : les traits de plume, les torsades littéraires n'ont rien
à ajouter à la chaîne d'or, à ce câble merveilleux qui transmet d'âge en
âge la commotion primitive et propage en tout temps et en tous lieux
la renommée du divin Sanzio. Jusqu'ici le suffrage universel, si variable
en toute chose, a respecté et consacré ce singulier privilége, et, malgré
son outrecuidante insubordination, le génie moderne subit la royauté
du génie ultramontain et ne songe point encore à s'en affranchir.

Aussi n'avons-nous en cette occasion que deux choses à faire : pre-
mièrement nous joindre à ceux de nos confrères de la presse qui opinent
pour l'acquisition du tableau, et constater que l'adhésion des plus compétents est fortifiée par celle du plus grand nombre, ce qui n'est pas in-
différent, vu l'institution nouvelle du régime parlementaire, où les
hommes sains de corps et d'esprit votent avec les hydrocéphales et les
aveugles : — Secondement, nous devons faire part de la bonne nouvelle
aux lecteurs de l'*Univers*. Il ne sera pas dit qu'un Raphaël ait pu passer
au Louvre sans que nous nous en soyons aperçu, sans que nous ayons
invité nos amis à jouir au moins de son passage, si, par malheur, il doit
nous échapper. D'ailleurs, pour eux comme pour nous, il est bon de
changer un peu d'atmosphère, d'ouvrir un instant la fenêtre et de reporter notre attention sur des visages plus aimables que ceux des Roche-
fort, des Janus et de tous les philistins du nouveau Testament. — A ce
titre déjà, et si imprévue qu'elle soit, l'arrivée à Paris de ce précieux tableau est au moins opportune. Son authenticité est incontestable, son
histoire est connue, ses papiers sont en règle.

La Vierge du monastère de Saint-Antoine de Padoue fut peinte en
l'an 1505. Vendu en 1678 à Antonio Bigazzini, ce tableau fut transporté à Rome et passa successivement du palais Colonna dans celui du
roi de Naples, et de là à Madrid, pour venir enfin se réfugier au Louvre,
et demander à la France la part de lumière à laquelle il a droit, et que le
ciel orageux et obscurci de l'Espagne et de l'Italie ne peut lui donner.

Voici comment Vasari décrivait, il y a trois cents ans, le tableau du
jeune élève de Pietro Perugino : « Dans cette même ville de Pérouse,
Raphaël fut chargé de peindre, pour le monastère des religieuses de
Saint-Antoine de Padoue, un tableau qui représente Notre-Dame tenant l'Enfant Jésus. Selon le désir de ces bonnes et vénérables religieuses, l'Enfant Jésus est vêtu. *Siccome piacque a quelle semplici et venerande donne, Gesu Cristo vestito.* Aux côtés de la Madone figurent saint
Pierre et saint Paul, le petit saint Jean-Baptiste, sainte Cécile et sainte
Catherine, et Raphaël a su donner à ces deux saintes vierges de si beaux
et de si doux airs de tête, et une telle variété d'ajustements, que c'est
chose rare pour ce temps-là. — Au-dessus de ce tableau, est représenté
dans un cintre un très-beau Père Eternel, et, au-dessous, dans la pré-

delle, trois petits sujets : le Christ priant au jardin des Olives, le Christ portant sa croix..., et une *Pietà*. Œuvre certainement admirable, pieuse, tenue par les religieuses en grande vénération, et extrêmement louée par tous les peintres. *Opera certo mirabile, devota, et tenuta da quelle donne in gran venerazione, e da tutti i pittori molto lodata.* » (Vasari. Vita di Raffaello da Urbino.)

Nous voyons par cette description que ce tableau formant rétable est divisé dans sa hauteur en trois compartiments : la partie supérieure, où est représenté le Père Eternel; la partie rectangulaire, dans laquelle se développe le sujet principal, et enfin le gradino, où se voyaient trois petits sujets de la Passion. Actuellement cette base manque : elle s'est égarée, on ne sait comment, en Angleterre. Peut-être nous reviendra-t-elle un jour en passant par l'Amérique, à moins que les trois morceaux ne se rejoignent bientôt à Londres, par la grâce du gouvernement français et les tours de main gauche du Corps législatif. — Toujours est-il que, pour regretter la suppression de ce gradino, il faut savoir qu'il manque : l'absence des petites perles de la monture ne diminue pas la valeur ni l'éclat du diamant.

Ce tableau, qui semble avoir attiré l'attention et même l'admiration du froid Vasari, n'a pour ainsi dire pas d'équivalent dans les œuvres du maître, soit qu'on le compare à celles qui appartiennent à la première ou à la seconde période de son talent. La peinture que nous avons sous les yeux détermine le point d'intersection, la transition de la végétation à l'épanouissement. — Entre les premiers linéaments et les dernières évolutions du pinceau, il y a eu certainement un temps d'arrêt suivi d'un nouvel élan ; dans l'intervalle, le jeune Raphaël d'Urbin a dû respirer l'air de Florence. Je n'ai pas le loisir de rechercher si les renseignements biographiques justifient ou contredisent cette affirmation ; mais, en tout cas, les qualités et, si j'ose le dire, les imperfections mêmes du tableau la confirment.

Ces imperfections résultent du choc des influences, et d'une alimentation substantielle, et peut-être surabondante, dont le premier travail d'absorption et d'assimilation s'opère difficilement. Les forces s'équilibrent, et si l'harmonie des éléments primitifs et nouveaux est encore incomplète, la réaction sauve les dissonnances.

Jusqu'ici l'idéal raphaëlesque contenu dans son enveloppe native, et lentement fécondé par les tièdes haleines des vapeurs ombriennes, n'a pas encore rompu sa coquille. Dans le tympan où des anges et des chérubins encadrent la figure de Dieu le Père, il est captif : il se meut à peine sous l'étreinte rigide du cliché de Pérouse ; mais plus bas, dans le tableau principal, dans les plis du manteau de saint Pierre et de saint Paul, sous les teintes colorées et vigoureuses instinctivement dérobées à la palette florentine, on le voit éclore. Le génie emprisonné sort du nid, il déploie ses ailes jusque-là comprimées, il les éprouve, il les agite, non sans effort, à cause des sérosités dont elles sont imprégnées ; mais la glu se sèche, les frémissements se multiplient, et déjà le vol de l'aigle se fait pressentir.

Le premier essor de la vie, les premiers signes de la réaction végétale et printanière, sont en toutes choses et pour tous un objet constant de joie et d'admiration ; mais combien l'intérêt augmente lorsqu'un phénomène se produit, lorsqu'on voit surgir de la couche commune une pousse hâtive, un jet dont la rectitude et la verdeur éclipse, domine et devance les autres ! — Tel est le sujet d'observation que nous présente la suave et lumineuse madone de Pérouse. Raphaël s'y montre ou plutôt s'y dévoile sous un jour nouveau. Il nous apparaît sortant du moule, posant le pied sur le sol, cherchant et prenant où il les trouve ses points d'appui, mais se dirigeant sans hésiter ni tâtonner du côté où son instinct le porte, où la voix de l'infini et de l'amour divin l'appelle. Il semble qu'après l'avoir déjà préservé des engourdissements vulgaires du berceau et de la tutelle, l'Etoile des Mages ait prolongé en sa faveur sa douce et bienfaisante clarté pour guider ses premiers pas, pour tempérer les ardeurs de la virilité, atténuer les ombres, écarter les périls de la gloire. Aussi, quelle que fût la part des influences secondaires, jamais, dans l'œuvre de Raphaël, l'alliage n'est parvenu à absorber l'or pur, ni à prévaloir sur l'élément spiritualiste et l'essence chrétienne. Le tableau inédit en quelque sorte, et qui vient d'être mis à notre portée, en fournit la preuve.

Tout à l'heure, en l'analysant, nous parlions de l'Ombrie et de Florence, de l'influence de Léonard et de Fra Bartholomeo… N'était-ce pas nous arrêter à la surface, à l'écorce ? Regardons ce qui n'est pas moins apparent, c'est-à-dire le point où la sève monte, où le bourgeon éclate, où la fleur s'épanouit. Regardons l'attitude, le geste de la Vierge, ce mouvement protecteur et maternel qui incline et rapproche l'un de l'autre les deux enfants, celui qui prie et celui qui bénit. Voyez la beauté, la grâce et l'amour rayonnant dans ces douces figures, et, dans celles qui les entourent et qu'elles illuminent, reconnaissez le reflet direct de votre propre émotion. A coup sûr, ce n'est pas là seulement le signe caractéristique d'un système ou d'une école, ce n'est pas même la science du peintre qui se révèle. Sa science est encore indécise. De même que l'enfant à demi sevré, il rejette et absorbe en même temps, retourne au sein ou s'en écarte ; mais tout en allant de l'un à l'autre, et même en bégayant, le goût, l'individualité, les facultés souveraines du cœur et de l'intelligence se manifestent. Cette loi générale est ici expressément formulée. Aussi n'est-il pas besoin de recourir au témoignage de l'histoire ou à la signature pour constater l'authenticité de l'œuvre. On peut dire qu'elle porte le cachet d'origine, et même le cachet de race, tellement on retrouve en elle l'intensité constante du sens expressif, et la circulation du sang du maître. Sans doute on peut la décrire, l'analyser, mais quant à pénétrer le secret de cet art incomparable et à prendre au vol son inspiration, il faut y renoncer. Dans ces hautes régions, l'encre s'épaissit, le pied manque, et le littérateur s'expose à se casser le cou.

Donc, arrêtons-nous, et contentons-nous de donner l'appoint de notre humble assentiment à ceux qui sollicitent du gouvernement français le million nécessaire à l'acquisition du tableau. A cet égard, la presse est unanime, et, s'il est vrai que l'opinion publique soit désormais maîtresse et souveraine en tout point, s'il est vrai que l'appréciation et la possession d'un chef-d'œuvre soit un élément de fortune et de gloire pour une nation dont le génie artistique n'est pas encore tout à fait absorbé par le régime commercial et militaire, tous, artistes, amateurs et même industriels, doivent voter pour l'acquisition.

La devrons-nous à l'initiative parlementaire ou à celle du nouveau ministre des beaux-arts? Nous l'ignorons. En tout cas, M. Maurice Richard, ou tout au moins M. Thiers ou quelque autre député influent ferait bien de se hâter, de peur que, dans un bel élan d'éloquence fourchue, MM. Ferry, Crémieux ou Montpayroux ne viennent à tout gâter. De ce côté, à vrai dire, nous n'avons rien à espérer. En fait d'objets d'art, l'école démocratique n'a l'esprit d'adoption et de conservation que pour ceux qui ne coûtent que la peine de les prendre, lorsque certaines commotions en ont ébranlé le scellement. Le chef-d'œuvre dont il est question en a bien éprouvé la secousse, mais en quittant son palais de Naples, et même après avoir échoué sur son rocher de Gaëte, où il a laissé son sceptre et sa couronne, le royal exilé a conservé son Raphaël. Toutefois, après en avoir opéré le sauvetage, il s'en est volontairement dessaisi afin de donner un témoignage de sa reconnaissance à l'ambassadeur d'Espagne, M. Bermudez de Castro, duc de Ripalda, le seul des représentants des nations amies qui ne l'ait pas abandonné ou trahi.

C'est donc sous l'impulsion d'un souffle tout à la fois conservateur et révolutionnaire que l'épave de la royauté napolitaine nous arrive. Souffle généreux et sympathique, parce qu'en offrant son Raphaël à la France au prix d'un million, le ministre espagnol nous fait l'honneur de nous donner la préférence, sachant très-bien qu'au delà du détroit il y aurait surenchère, s'il ne s'agissait ici de concéder plutôt que de vendre. Un homme tel que M. de Castro n'est pas un brocanteur vulgaire : s'il propose de traiter avec nous, assurément d'excellentes raisons ont dû le déterminer. A défaut de meilleures, n'aurait-il pas le droit de céder aux préventions qu'il a pu concevoir à l'égard de certains pavillons, lorsque, du poste d'honneur qu'il occupait sur les remparts assiégés, il observait dans les eaux de Gaëte les flottes de France et d'Angleterre, pratiquant chacune à leur manière les lois de la neutralité ?

Reste à convaincre les financiers, les économistes, les parvenus, administrateurs, députés, grippe-sous, rogne-budgets et autres, qui s'imaginent que l'on doit administrer la fortune publique comme celle d'un pauvre diable ou d'un juif qui fait argent de tout. Pour eux, un million, c'est énorme. Sans doute, messieurs, mais il faut considérer que vous êtes là, vous et vos machines, pour produire des millions. A quoi serviriez-vous, autrement ? — Quant à des Raphaëls, on n'en fait plus.

D'ailleurs, n'a-t-on pas dépensé six cent mille francs pour acquérir un Murillo, et les conservateurs des musées de France et d'Angleterre n'ont-ils pas fait monter l'autre jour jusqu'à cent vingt-six mille francs les *Œufs cassés* de Greuze, adjugés à M. Adolphe Rosthchild, personnage riche, mais point du tout dissipateur ? — N'importe, pour certaines gens, un million, c'est trop payer une œuvre d'art, c'est de l'argent perdu, ou, tout au moins, c'est de l'argent qui dort.

S'il dort, leur dirons-nous, il n'est point perdu, et s'il dort, il a du moins la faculté de tenir en éveil tous ceux qui s'en approchent. Sans bruit, sans secousse, sans la moindre contraction apparente, ce singulier dormeur à la vertu de tendre le ressort de la pensée d'autrui et de mettre ainsi en jeu toutes les puissances de la conception et de l'activité humaine. Une fois acquis et livré à la contemplation des artistes, des artisans, des producteurs de toute sorte, ce lingot immobilisé devient une source de prospérité et de richesses incalculables. C'est à la fois un fonds de réserve et un fonds de roulement. C'est une force motrice qui fonctionne sans frais et sans arrêts, et dont toutes les branches de la production ressentent l'influence et partagent le bénéfice.

Allez voir si les artistes, si les artisans, les bons ouvriers de Paris vont au Louvre pour y prendre le goût du sommeil, et si l'argent qui dort en ce lieu leur inspire d'autre convoitise que celle de pouvoir à leur tour égaler les grands maîtres et servir leur patrie en créant des chefs-d'œuvre ! Faites vos calculs, messieurs les gens d'affaire, tenez bien la balance, et voyez ce qui est le plus avantageux pour vos caisses, directement ou indirectement, de la fréquentation des musées ou de celle des clubs.

Afin de soutenir la supériorité artistique et manufacturière de la France, soi-disant menacée par la concurrence étrangère, on multiplie les écoles et les concours, les récompenses, les sociétés de secours et d'encouragements, les programmes et surtout les discours. Vaine pharmacie ! L'art n'est pas fait pour subir le traitement des invalides : si nous le voyons languir chez nous depuis trois quarts de siècle, comme l'a fort bien dit Son Altesse le prince Napoléon, c'est qu'au nom d'une liberté « tyrannique, perfide et mensongère (1), » celles qui lui étaient propres lui ont été ravies, confisquées au profit de l'industrie et du commerce, qui gémissent à leur tour et réclament à grands cris des lois sages et protectrices, sans lesquelles il n'y a en ce monde ni vie, ni liberté possible, pas plus pour l'artiste et pour le commerçant que pour les choux.

---

(1) M. Pouyer-Quertier.

Je ne dis pas que les maux qui pèsent aujourd'hui sur le commerce et l'industrie nationale nous vengent, mais du moins les plaintes que ces maux suscitent justifient toutes celles que l'art proprement dit et les arts industriels auraient le droit de faire entendre, en ce moment surtout où un nouveau ministère vient d'être mis au monde pour les écouter.

Le ministre, dit-on, est plein d'aménité et de bonnes intentions. Nous le verrons à l'œuvre : en attendant, c'est lui qui va nous apprendre lequel des deux, du pouvoir personnel ou du gouvernement parlementaire, est le plus favorable aux beaux-arts. Le refus ou l'acquisition du tableau de Raphaël sera la pierre de touche. Sans doute, le morceau est un peu lourd : c'est une raison de plus pour que la vaillance du nouveau ministre se déploie, et que l'on sache au juste si la proposition du duc de Ripalda sera pour lui une bonne fortune ou un pavé.

Claudius Lavergne.

L'OPINION NATIONALE.

Paris, 14 mars 1870.

Un Raphaël.

Il ne se passe guère jamais plus d'une dizaine d'années, sans qu'un beau jour la presse ne nous annonce la découverte tout à fait inespérée, et l'arrivée à Paris de quelque chef-d'œuvre de Raphaël complétement ignoré jusqu'alors. On en parle d'abord mystérieusement : le monde des amateurs s'en émeut; on sollicite à l'envi la faveur d'aller visiter cette œuvre incomparable.

En fait, c'est généralement quelque bon tableau ancien, d'origine italienne incontestable, mais parfaitement anonyme, et dont rien au monde ne vient prouver ni justifier l'authenticité. A la curiosité du premier moment, à l'admiration sur parole succède bientôt le doute, au doute la négation, puis, peu à peu, le pauvre tableau, très-probablement dû à quelque excellent copiste du seizième siècle, ou même à quelque artiste habile, mais ignoré de ce temps-là, retombe à petit bruit dans l'oubli et l'obscurité d'où un spéculateur hardi, ou même parfois un simple amateur à illusions, avait vainement espéré de le faire sortir.

Aussi ces brillants météores de l'art qui apparaissent inopinément dans notre orbite inspirent-ils aujourd'hui aux vrais connaisseurs une certaine méfiance.

En voici cependant un au sujet duquel le doute n'est plus permis, un splendide tableau de Raphaël, très-peu connu jusqu'ici, mais néanmoins d'une authenticité établie par toutes les preuves les plus irréfragables.

Ce tableau, récemment arrivé à Paris, et déposé au Louvre par son propriétaire actuel, est exposé depuis quelques jours dans le pavillon qui sépare les deux grandes salles de l'École française. Tout le monde peut l'y aller voir.

Il se compose de deux panneaux dont le principal représente la Vierge avec l'Enfant Jésus et le petit saint Jean, assise sur une espèce de trône que surmonte un élégant baldaquin; à ses côtés se tiennent saint Pierre, saint Paul, et, derrière eux, sainte Catherine et sainte Cécile. Le second panneau, à plein cintre, surmontant le premier, et destiné à le compléter, représente le Père Éternel entre deux adorables figures d'anges et plusieurs têtes de chérubins.

Rien ne saurait donner l'idée de l'admirable pureté de toutes ces figures, et comme expression et comme dessin, du calme, de la sérénité de la composition, de l'éclat tempéré, de la fermeté, de l'harmonie de la couleur.

La première raison pour ne pas douter que ce tableau soit bien de Raphaël, c'est qu'en vérité il serait bien difficile de dire quel autre eût été capable de le peindre. Mais, à cette présomption déjà si voisine de la certitude, viennent s'ajouter toutes les preuves historiques de son authenticité. Vasari, le grand historien de la peinture italienne, après en avoir donné une description de tous points conforme à celle qu'on vient de lire, nous apprend que Raphaël, avant de quitter définitivement Pérouse, y exécuta un chef-d'œuvre pour les religieuses de Saint-Antoine de Padoue, établies dans cette ville.

Les bonnes religieuses, comme nous l'apprend Vasari, avaient exigé que l'Enfant Jésus fût vêtu d'une petite chemise; et nous le voyons en effet ainsi vêtu sur le tableau exposé en ce moment dans les galeries du Louvre.

Pendant plus de deux cents ans, ce tableau resta la propriété du couvent pour lequel il avait été peint; puis il en sortit au dix-huitième siècle pour entrer dans la maison des princes Colonna, de qui enfin le roi de Naples l'acheta au commencement du siècle actuel. C'est sans doute *le malheur des temps* qui a obligé le chef actuel de la dynastie napolitaine à se dessaisir de ce chef-d'œuvre. M. Bernudez de Castro passe pour en être aujourd'hui le propriétaire.

Un dernier mot au sujet, ou, pour mieux dire, à l'occasion de cette admirable peinture.

Raphaël, que son père avait mené à peine adolescent à Pérouse pour s'y perfectionner à l'école de Pérugin, Raphaël, comme nous l'avons dit, peignit le tableau des Dames de Saint-Antoine avant de quitter ce berceau de son génie, c'est-à-dire vers l'an 1504. Il avait alors *vingt-et-un ans !* Cela ne tient-il pas du prodige ?

Vingt-et-un ans ! Et voilà qu'aujourd'hui notre ministre des Beaux-Arts se voit obligé de reporter jusqu'à trente ans la limite d'âge pour l'admission de nos apprentis peintres à l'école de Rome, où ils ne finiront guère leurs études qu'à trente-quatre ou trente-cinq ! Les maîtres d'autrefois n'avaient pas encore de barbe au menton ; les écoliers d'aujourd'hui seront chauves ou couverts de cheveux gris.

FERDINAND DE LASTEYRIE.

———

LE TEMPS.

Paris, 19 mars 1870.

Un tableau de Raphaël.

Tous les Parisiens et tous les étrangers présents à Paris vont ou iront voir au Louvre un tableau de Raphaël, qui n'appartient pas au Musée, mais qui vient d'y être exposé sur un chevalet, dans la salle consacrée aux batailles, de Le Brun. Ce tableau, qui ne renferme pas moins de dix figures, est appelé la *Madone de Pérouse,* et ce titre peut lui être conservé provisoirement, bien qu'il ne réponde pas tout à fait à l'importance de l'œuvre, et qu'il puisse s'appliquer à d'autres madones.

Depuis près d'un siècle, le Raphaël dont nous allons parler n'avait été vu de personne. Il appartenait aux rois de Naples, qui l'avaient pour ainsi dire caché dans une chambre presque inaccessible de leur palais, de sorte que les amateurs ne le connaissaient plus que par un passage de Vasari, conçu en ces termes :

« Dans cette même ville (Pérouse), Raphaël eut aussi à peindre, pour les religieuses de Saint-Antoine de Padoue, une Madone tenant l'Enfant Jésus, et, pour se conformer au désir de ces simples et respectables dames, *siccome piacque a quelle semplici e venerande donne,* il représenta l'Enfant vêtu. La Madone avait à ses côtés saint Pierre et saint Paul, sainte Cécile et sainte Catherine ; et Raphaël avait donné à ces deux vierges les plus beaux et les plus doux airs de tête qu'on puisse voir, et ils les avait coiffées avec beaucoup de grâce (chose rare dans ce temps-là). Au-dessus du tableau, dans une partie cintrée, il peignit une très-belle figure de Dieu le Père. Le gradin de l'autel est orné de trois petites compositions : la Prière au jardin, le Portement de Croix et le Christ mort dans les bras de sa mère..... Je ne tairai point ici que, depuis son voyage à Florence, Raphaël, ayant vu beaucoup d'ouvrages des maîtres excellents, changea sa manière et l'embellit à ce point, que la seconde n'avait plus rien à voir avec la première, *che ella non aveva che fare alcuna cosa con quella prima.* »

Telles sont les expressions de Vasari, et il est clair que sa description a été écrite de mémoire, puisqu'il n'a mentionné ni la figure du petit saint Jean, ni les deux figures, si légères et d'une majesté si gracieuse, des séraphins qui accompagnent le Père Eternel.

Bien que les trois petites compositions de la *predella* aient été séparées du panneau principal, la *Madone de Pérouse* est une œuvre complète en elle-même ; je veux dire qu'elle ne souffre point de l'absence des peintures accessoires du gradin, qui en furent détachées, il y a deux cents ans, pour être vendues à la reine Christine de Suède, et qui, après avoir passé dans la galerie du Régent, duc d'Orléans, sont aujourd'hui en Angleterre.

La France doit-elle acquérir ce tableau de Raphaël, rendu depuis quelques années à la lumière? Oui, sans aucun doute, et c'est notre opinion qu'il faut l'acquérir, non pas comme un Raphaël parfait, mais précisément à cause de ses imperfections, rachetées d'ailleurs par des beautés inattendues et de premier ordre. On ne saurait trouver un morceau plus intéressant, et pour l'art, et pour l'histoire de ce glorieux peintre, dont le nom est devenu synonyme de la peinture elle-même. Ah! ils ne sont pas nombreux! — qu'on se rassure, — ces grands artistes dont il faut recueillir pieusement, sans distinction et sans hésiter, toutes les œuvres, tous les morceaux, toutes les ébauches, tous les croquis, toutes les bribes... « Il en est jusqu'à trois que je pourrais nommer. » Certainement, tout ce que l'on trouvera de Léonard de Vinci, de Michel-Ange, de Raphaël, qu'on l'achète, et qu'on l'achète à tout prix, car il est toujours facile à un peuple de refaire un million, mais on ne refait plus des Raphaël, ni des Michel-Ange, ni des Léonard.

Venons au tableau. Rien que par sa date, il est d'abord précieux. Il a été peint en 1504 ou 1505, lorsque le maître avait à peine accompli sa vingt et unième année. Pour nous, il est évident que la madone destinée aux religieuses de Saint-Antoine de Padoue fut commencée par Raphaël à Pérouse, et qu'avant de l'avoir terminée il fit son premier voyage à Florence, où il se présenta au gonfalonier Soderini, tenant à la main une lettre de recommandation que lui avait donnée la duchesse della Rovere. Jusque-là, le jeune peintre d'Urbin n'avait été que le fils respectueux de Giovanni Santi, et le respectueux élève de Pérugin. Son type de madone était celui qu'il avait emprunté de son père, ou qu'il avait observé dans sa famille. Son ordonnance n'était encore que la symétrie des Ombriens primitifs. La recherche de la couleur, la chaleur et l'intensité du ton le disputaient à l'expression par le dessin. Il se tenait près de la nature, il la pénétrait, il la dévorait de ses regards; il était subjugué par elle. Mais quand il a passé quelques mois à Florence, une transformation se fait en lui; ses yeux s'ouvrent à d'autres lumières, à des horizons plus larges. Léonard lui agrandit les idées; Michel-Ange l'étonne et le trouble; Fra-Bartolommeo le séduit, et bientôt il revient à Pérouse, en proie à cette indécision qui précède les crises du génie. Son tableau est composé : il n'en changera pas l'ordonnance, en quelque sorte hiératique, mais, involontairement, il y laissera la trace de ses incertitudes. Il l'avait commencé dans le goût et dans le sentiment de l'école ombrienne : il l'achèvera sous les auspices de l'école florentine, et rien de plus juste que l'observation de Vasari touchant l'évolution qui s'est opérée dans la manière du jeune maître, durant son premier séjour à Florence.

Il est facile, en effet, de reconnaître ici le mélange des diverses influences que Raphaël a subies à l'âge de vingt et un ans, et qu'il a conciliées de son mieux en terminant la *Madone de Pérouse*. C'est là justement, si je ne me trompe, ce qui donne un grand prix à cette madone. En lui-même, du reste, le tableau contient des beautés rares, qui ne reparaîtront plus que deux ou trois fois dans l'œuvre de Raphaël. Sans parler de ses fresques, la Vierge de Foligno et la Vierge de Saint-Sixte sont à peu près les seuls ouvrages où le peintre ait laissé voir des qualités d'exécution semblables à celles qu'il faut admirer ici sans réserve.

En dehors de ces peintures fameuses, émanées de lui tout entières, Raphaël n'a pas montré ou du moins n'a guère montré autant d'amour pour la nature, ni une dévotion aussi naïve à son art, aussi intime. Plusieurs de ses figures, celle du Père Eternel et celles de saint Pierre et de saint Paul, sentent encore la présence flagrante du modèle. Toutefois, ce modèle est choisi, et ces trois vieillards sont beaux d'une beauté différente. Plus tard, le peintre émancipé, mettra plus d'ampleur dans ses figures; il les concevra plus grandioses, plus imposantes. Il s'élèvera, par exemple, jusqu'à cette figure de l'Eternel débrouillant le chaos, qui est à la fois semblable à la nature et surnaturelle; maintenant, il s'en tient à la vérité, à une vérité noble, sans doute, mais vue de près, serrée de près, amoureusement creusée, religieusement rendue. Bien que ses contours soient arrêtés et même ressentis, sa peinture, dans ses trois personnages, n'a rien de sec; elle est onctueuse, mêlée, empâtée par places, mais discrètement, rehaussée de touches visibles, et, qui le croirait?... mystérieuse. Oui, cette peinture à l'huile, qui, chez Raphaël, est en général celle d'un peintre à fresque; cette peinture, que nous connaissons si simple, si claire, si peu enveloppée, veux-je dire, et qui n'est si souvent que la mise en couleurs, par procuration, d'un dessin sublime, elle est, cette fois, pleine de suc, pleine de saveur; elle est secrète et profonde ; elle semble avoir des dessous cachés. Les clairs en sont relevés par des accents qui se traduisent en légères traînées d'épaisseurs ; les ombres en sont vigoureuses, mais transparentes, et la transparence en est augmentée encore par de libres hachures, qui la font, pour ainsi dire, vibrer.

Les têtes et les mains des trois vieillards, surtout la main droite de saint Pierre, Raphaël les a peintes, Dieu me pardonne, comme se plaisaient à peindre, cent cinquante ans plus tard, aux époques de déclin, les maîtres réputés les plus vaillants, qui mettaient dans la touche toute leur vaillance. Pour désigner une telle manière de conduire le pinceau et de triturer les couleurs, les Italiens ont un mot charmant : ils l'appellent *gustosa*, comme qui dirait savoureuse. C'est encore dans cette manière que sont exprimées la figure de saint Jean-Baptiste et celle de l'Enfant Jésus. Il est doux et joli à ravir, cet enfant. Vêtu d'une tunique bleu-clair avec une broderie de couleur sur l'épaule, il a l'air d'un bambin que d'autres enfants auraient déguisé en lévite pour le monter sur un de ces petits autels qu'ils construisent le jour de la Fête-Dieu. Assis sur les genoux de sa mère, il bénit le précurseur, qui est habillé d'une peau d'agneau et d'une draperie rouge.

Un écrivain ultra-catholique, qui a consacré sa vie à l'étude de Raphaël, et qui a publié sur les œuvres de ce grand maître jusqu'à sept volumes remplis d'amour, de conscience et de savoir, notamment trois volumes sur les *Vierges de Raphaël* (1), M. Anatole Gruyer, a complaisamment décrit la figure dont nous parlons : « Sa tête, couverte de cheveux blonds, est selon la nature, et en même temps elle est divine. L'oreille est un peu grande, ainsi qu'il arrive d'ordinaire à cet âge, où les formes sont pour ainsi dire en train de naître ; le nez est rudimentaire, comme celui des enfants ; la plénitude de la joue et du menton relève aussi du fait matériel et un peu vulgaire. Mais la physionomie est ravissante et fait penser au Verbe divin ; les yeux doux et pénétrants se fixent avec complaisance sur le petit saint Jean, et la bouche exprime à la fois la bonté et l'autorité. Une gravité naïve et solennelle est répandue sur cet enfant, qui, sans être encore un Dieu, éveille en nous l'idée de la divinité. Ses traits, d'ailleurs, se rapprochent sensiblement de ceux de la Vierge ; ils les rappellent sans les reproduire, et les répètent avec plus de puissance. Cette figure est d'apparence primitive ; mais on voit briller en elle l'esprit nouveau, et si l'on se retourne encore un moment vers Pérugin, c'est pour ne plus songer bientôt qu'à Raphaël. »

Je l'avoue, il m'est impossible d'apercevoir tant de choses dans cet enfant. Il est vrai que je n'ai point pour les voir les yeux du concile ; mais il est adorable, — je parle du bambin, — et cela me suffit. Quant

---

(1) Les *Vierges de Raphaël*. Paris, Renouard, 1869.

à la Vierge, qui ressemble au type de Giovanni Santi, c'est la figure la moins heureuse du tableau. Le masque en est trop long, la bouche trop petite, le menton un peu trop plein, et l'ensemble du visage, quoique d'une expression pure et tendre, n'est pas, à beaucoup près, aussi aimable que celui des madones futures, par exemple, de la Vierge d'Orléans, qui fut peinte l'année suivante, en 1506, et de la Belle-Jardinière, qui est de 1507.

Mais si la tradition ombrienne est sensible dans cette figure, il y a quelque chose de florentin dans celles de sainte Catherine et de sainte Dorothée (Vasari l'appelle par erreur sainte Cécile). L'ovale du visage, aminci par le bas, développé par le haut, l'élégance du corps, une légère nuance de contraste dans les attitudes, enfin un dessin plus cerné, une exécution plus sèche et partant moins agréable : voilà ce qui caractérise les deux figures, qui sont le plus rapprochées de la Vierge, et qui forment une opposition très-marquée avec les deux apôtres. Peints selon le goût de Fra Bartolommeo, Pierre et Paul ne sont guère que des portraits choisis, tandis que les deux vierges martyres sont des personnages idéalisés. C'est dans la grâce de son esprit plutôt que dans la nature que Raphaël a trouvé cette couronne de fleurs dont il a paré sainte Dorothée, en souvenir de la légende.

Mais ce qui trahit encore l'autorité du Pérugin, ce sont les deux séraphins planant dans la partie supérieure. Quelle jeunesse dans ces beaux anges qui contemplent l'éternel vieillard ! Comme leur vol est facilement gracieux ! Raphaël les a vêtus de couleurs légères et pâles qui, s'évanouissant dans l'air, contrastent avec l'exécution généreuse et nourrie des autres figures.

La couleur ! elle est ici bien remarquable par son harmonieuse intensité, par sa profondeur et son éclat, au point qu'en apercevant le tableau d'un peu loin, sans regarder au style, on le prendrait pour l'œuvre de quelque Flamand primitif. Partout les contraires s'exaltent mutuellement et se réconcilient. Ainsi le manteau rouge de saint Paul est opposé à la robe verte de Dorothée, mais le rouge reparaît dans la reliure du livre que la jeune fille tient sans le lire. La robe violette de sainte Catherine fait éclater le ton jaune du manteau de saint Pierre, et la tunique de l'apôtre se marie à ce jaune par les broderies d'or dont elle est ornée. L'or, employé avec abondance, est semé en paillettes sur le manteau bleu-foncé de la Vierge ; il rehausse le globe que tient l'Eternel ; les auréoles des saints, les fermoirs, les bordures des vêtements, le dossier du trône ; et le baldaquin aux tons vigoureux et chauds fait fuir un paysage montagneux, qui est éclairé d'une lumière limpide et bleu tendre. Enfin les degrés du trône en marbre clair sont veinés de teintes riches, incrustés d'arabesques d'or, plaqués de lapis.

Tel est ce tableau de Raphaël, si tant est qu'une description puisse en donner l'idée : on voit du moins que si le jeune maître a plus tard subordonné l'opulence de la couleur et le luxe indiscret des accessoires à la hauteur des pensées, c'est-à-dire à l'éloquence du dessin, ce n'est pas faute d'avoir eu les instincts d'un coloriste, et d'en avoir reçu les enseignements.

Il faut tout dire, au surplus : Raphaël, une fois parvenu à l'apogée de son génie et de sa célébrité, — ce qui n'a pas été long, — a payé sa gloire de son indépendance. Il lui est arrivé ce qu'il arrive à tous les grands hommes : il a été d'autant moins libre qu'il devenait plus célèbre. Les papes, les rois, les princes, les communautés religieuses, les potentats de la finance, l'aimable Chigi, et Balthasar Castiglione, et Bembo, sans compter les créanciers de son cœur, l'ont mis à contribution et ne lui ont plus laissé un moment de relâche. Il a été forcé d'admettre et de grouper autour de lui des élèves pour s'en faire des collaborateurs ; et, dès ce moment, son atelier a été une vaste manufacture, d'où sont sortis des produits innombrables, qui tous portent, il est vrai, sa marque divine sans être tous de sa propre main, sans avoir été constamment éclairés de ses regards, échauffés jusqu'au bout de son haleine.

Si nous attachons beaucoup de prix à la *Madone de Pérouse*, c'est parce qu'elle n'est pas un de ces tableaux, pour ainsi dire impersonnels, qui figurent dans les musées de l'Europe sous le nom, à moitié légitime, du grand maître, parce qu'elle est l'œuvre d'un jeune homme de vingt et un ans, qui est parvenu au seuil de son génie, mais ne l'a pas encore franchi.

Comme un oiseau qui planera au plus haut des airs, Raphaël entre ici dans sa première mue. Bientôt, s'élevant au-dessus de la nature, il l'aimera sans être enchaîné par elle : il la verra, non plus avec l'humilité d'un esclave, mais avec les yeux d'un maître, et résumant en lui, par un éclectisme lumineux, la Renaissance tout entière, il se placera au centre de la peinture, entre la fierté farouche de Michel-Ange et la pénétration profonde de Léonard, et son nom sera la définition même du style.

Voilà pourquoi il convient d'acheter tous les ouvrages, même imparfaits, d'un Raphaël. Quand on possède les Titien et les Rembrandt que nous possédons, et tant de Rubens, on peut à la rigueur se dispenser d'en acquérir d'autres, à moins que, par impossible, l'*Assomption*, la *Descente de Croix*, la *Ronde de Nuit* et les *Syndics* ne fussent à vendre. Mais pour des hommes tels que Michel-Ange, Léonard de Vinci et Raphaël, — ajoutons-y le Corrège, — un peuple civilisé doit enchérir tout ce qui émane d'eux, sans crainte, sans hésitation et sans compter.

Charles Blanc.

IX

Grâce peut-être à la circonstance de n'avoir jamais figuré
dans un musée, d'être resté immobilisé dans un couvent et
dans des palais princiers au temps où la manie des restaurations absurdes s'était emparée de presque toutes les administrations artistiques de l'Europe, le chef-d'œuvre de Pérouse
est arrivé jusqu'à nous dans un état de conservation aussi
parfait qu'il est possible après 365 ans d'existence. Et on
peut soutenir hardiment qu'il n'y a pas un seul tableau de
Raphaël au monde qui en fait de conservation le surpasse;
il y en a très peu même qui puissent lui être comparés.

Certainement, comme il est arrivé à toutes les peintures
anciennes sans exception aucune, le bois avait joué avec
le temps; il y avait depuis une époque reculée deux légères
fentes, séparation naturelle de deux planches qui s'étaient
décollées. Nous avons suivi le travail qu'on a fait au Louvre;
avec toutes les minutieuses précautions usitées en pareil
cas pour sauvegarder du plus léger frottement la peinture,
on a revêtu les deux panneaux d'un parquetage qui empê-
che les planches de se disjoindre de nouveau ou de se cour-

ber. Et quant au travail de restauration, il a consisté dans les presqu'imperceptibles lignes des deux fentes, dans le dégagement du firmament dans la lunette et dans l'enlèvement au doigt de l'excès de vernis accumulé à d'autres époques. On en a laissé la couche plus ancienne; on n'est jamais arrivé, comme il se pratique presque toujours, à découvrir la peinture pour la revernir à frais; on n'en a pas eu besoin; le vernis qui subsiste encore est l'ancien.

Ainsi on voit claire partout la main du maître. On suit les traces de son pinceau. Il n'y a aucun de ces badigeonnages qui malheureusement ont souvent couvert les plus beaux tableaux de Raphaël à Paris, à Madrid, même à Rome. En fait de véritable conservation nous ne connaissons que deux œuvres du même maître qui puissent lui être comparées; la Descente de la Croix de la galerie Borghèse et la Vierge de saint Sixte à Dresde.

Il est vrai que les tableaux des musées n'ont jamais été bien respectés jusqu'à notre époque. Le saint Michel de Raphaël au Louvre est un tissu de restaurations. Quant au saint Jean il reste bien peu de l'original : des membres entiers ont été refaits. Le Directoire, le Consulat et l'Empire trouvaient commode de présenter au public, dans un état de propreté charmante, les tableaux les plus précieux des anciens maîtres; alors on inventa des procédés : et ces essais abimèrent encore plus certains chefs-d'œuvre et ceux que la conquête avait arrachés à l'Italie et à l'Espagne. Il fallut les restaurer, les restaurer en masse et vite. Le système fit fortune dans des temps où le respect des œuvres d'art était loin d'être une religion : les espagnols, les allemands, les italiens imitèrent plus ou moins la manie de vouloir les anciens tableaux aussi pimpants et aussi frais que les peintures modernes. Pour masquer d'incontestables dégâts, on couvrait la partie vierge mais qui avait le malheur d'être sale; et on appelait saleté cette petite crasse accumulée dans les sillons du pinceau, cette précieuse *patine*, témoignage de virginité, empreinte du temps, le grand harmonisateur du monde.

Voilà ce que nous étudions et nous trouvons avec plaisir dans le tableau de Saint-Antoine de Pérouse. Les deux rares qualités que nous admirons en lui, à part sa valeur artistique, sont l'étonnant état de sa conservation et le mérite d'être tout entier de la main de Raphaël. Il appartient en effet à l'épo- où Raphaël travaillait seul ses tableaux sans se faire aider par ses disciples. La Belle Jardinière, par exemple si justement admirée, est de 1507, postérieure donc de deux ou trois ans. Croyez-vous que ce soit Raphaël, le dessinateur par excellence, qui ait peint à cette Vierge adorable ces grands pieds plats qui n'ont ni proportion ni dessin? Comparez-les à l'élégance correcte des pieds de saint Pierre et de saint Paul dans le tableau de Pérouse. C'est qu'ici c'est Raphaël lui-même qui a peint tout, tandis que, dans son époque la plus célèbre, quand il était surchargé de travail, il n'y a pas un seul de ses tableaux auquel ses aides et ses disciples n'aient dû mettre la main.

X

SUR LE PRIX DE VENTE DE CE TABLEAU.

———

On a vu par les articles qui précèdent, que la presque una-
nimité des journaux qui avaient traité la question pendante,
conseillait fortement le gouvernement d'acheter le tableau
de Raphaël ; mais il y avait naturellement d'autres personnes
qui trouvaient trop élevé le prix d'un million convenu entre
le propriétaire et le Louvre. La direction de cet établisse-
ment pouvait facilement répondre par un argument de comparaison facile à saisir ; quant au propriétaire, il n'avait rien
à dire, car il n'avait jamais proposé son tableau à personne ;
sollicité par le surintendant des Beaux-Arts et des Musées
impériaux, il était naturel qu'en consentant à donner la préférence au Louvre, il fixât la valeur à laquelle ce chef-
d'œuvre avait été récemment estimé.

Mais le prix pour la vente d'un objet d'art ne peut pas
être soumis à des règles invariables. On ne peut l'établir que
par comparaison. Le mérite et la réputation de l'auteur, la
rareté de ses ouvrages, la difficulté de les acquérir, l'importance de celui dont il est question, les prix payés à diverses
époques, dans les ventes publiques, pour des objets sem-

blables ou inférieurs, sont les données qui peuvent servir à se former une idée raisonnable de la valeur mercantile d'un tableau.

Sans doute, comme dit justement le *Journal des Débats*, en examinant la peinture dont il s'agit, « des pareilles œuvres n'ont pas de valeur appréciable ; elles ont une valeur idéale, illimitée. Un pareil tableau vaut dix millions, vingt millions, aussi justement qu'un million, parce qu'il est unique, parce qu'on n'en fait pas d'autres ; » mais réduisant une œuvre d'art aux proportions purement économiques de l'offre et de la demande, à la comparaison des prix, à la valeur toujours croissante des peintures de maître, examinons le contrat éventuel fait par le Louvre, avec le jugement positif d'un négociant ou d'un expert.

Il s'agit, il faut bien se le rappeler, d'un grand tableau, pour mieux dire, de deux grands tableaux de Raphaël, œuvre de la plus grande importance, toute de la main de l'auteur, ce qui est rare, et la *seule* peinture de cette espèce qu'un musée ou un particulier puisse acquérir, puisque les autres sont immobilisées dans des galeries nationales ou princières, dont, selon toutes les probabilités humaines, elles ne sortiront jamais.

Dans l'*Histoire du Directoire*, de M. de Barante, tome Ier, p. 215, nous lisons ce qui suit : « Le duc de Parme fit proposer au général Bonaparte de donner *deux millions* pour conserver le saint Jérôme du Corrège, que les commissaires du Directoire avaient choisi parmi les vingt tableaux que le duc devait donner à la République française. Les commissaires ordonnateurs étaient fort d'avis d'accepter cette rançon du Corrège ; le général répondit : « Il ne restera bientôt « rien des deux millions, tandis que ce trophée ornera Paris « pendant des siècles et enfantera d'autres chefs-d'œuvre. »

Ceci se passe à la fin du siècle dernier, quand les peintures n'avaient pas acquis le quart de la valeur actuelle. On voit un souverain vaincu offrir *deux millions* pour la rançon d'un Corrège, et un gouvernement assez pauvre et endetté les refuser pour garder le tableau. Raphaël vaut moins que le Corrège ? Son tableau de Pérouse est tellement inférieur en importance au saint Jérôme ?

La Conception de Murillo, qui est au Louvre, a été payée, il y a vingt ans, en vente publique, 626,000 francs. Et cependant Murillo ne peut pas être comparé à Raphaël. Son tableau, d'une seule figure avec des anges, et assez mal restauré, ne peut pas être assimilé aux deux tableaux parfaitement purs de Pérouse, avec sept figures dans le tableau principal et trois dans la lunette. Du reste, on trouve souvent des Murillo ; on ne trouve pas des Raphaël.

Il y a deux ans, à la vente Delessert, une petite Vierge de Raphaël fut achetée, pour le compte de M. le duc d'Aumale, au prix de 150,000 francs. C'est un tout petit tableau, dont on a contesté à tort l'authenticité, de 0^m,21 sur 0^m,29. Selon la remarque d'un journal de Paris, chaque centimètre carré de ce panneau a été payé presque 250 francs. Si le tableau plus important, qui a été exposé au Louvre, devait être estimé selon ce calcul, dix millions ne suffiraient pas.

Du reste, quand on se rappelle les prix payés dernièrement pour des tableaux ordinaires de peintres hollandais ou flamands, on peut facilement se rendre compte si l'administration du Louvre faisait une mauvaise affaire en achetant pour un million le double tableau de Raphaël.

A LA VENTE DELESSERT.

Le Marché aux Poissons, de Téniers, a été payé	159,000 fr.
Un Intérieur Hollandais, de Pierre de Hoegh,	150,000
Un Paysage avec des vaches, de Cuyp.	92,000

A LA VENTE SAN DONATO.

Le Grand Village, de Isaac Van Ostade,	104,000
Un Paturage, de Paul Potter,	112,000
Le Congrès de Munster, de Terburg, un petit tableau de 0^m,45 sur 0^m,58,	182,000
L'Avenue de Dordrecht, de Cuyp,	140,000
Une Simple Tête, de Greuze (très-douteux),	55,000
Une Forêt, de Hobbema,	110,000
Site aux Environs d'Harlem, du même,	98,000

Voilà des prix payés pour des petits tableaux de genre, plus ou moins authentiques, qu'on trouve ordinairement dans toutes les ventes célèbres, et qui, en tout cas, n'appartiennent pas à la grande peinture. On dira que ce sont des prix extravagants. C'est possible ; mais quand nous voyons se renouveler le même exemple à toutes les ventes publiques des dernières années, soit à la vente Pourtalès, soit à celle de Morny, soit à celle de Delessert, soit à celle de Démidoff, il faut nécessairement admettre que les hauts prix payés pour les tableaux ne sont pas une exception, mais bien la condition de la valeur des objets d'art dans la société moderne.

Nous le demandons : en face du prix payé pour la Conception de Murillo, pour la petite Vierge Delessert, pour des tableaux ordinaires de peintres hollandais de second ordre, de presque 200,000 francs avec les frais de vente payés pour un petit panneau de Terburg, dont le plus grand mérite est la supposition que les figures sont des portraits, la direction du Louvre ne devait pas être fondée à croire qu'elle faisait une bonne affaire et rendait un service à la France, en acquérant pour un million un double tableau de Raphaël, d'une importance capitale, peinture aussi précieuse, aussi unique, comme disait M. John Lemoinne, dans le *Journal des Débats,* que le diamant de Lahore, ou le Régent, ou l'Etoile du Sud?

Paris, juillet 1870.

LA VIERGE ET LES SAINTS

DE PEROUSE

TABLEAU DE RAPHAËL.

TABLE DES MATIÈRES

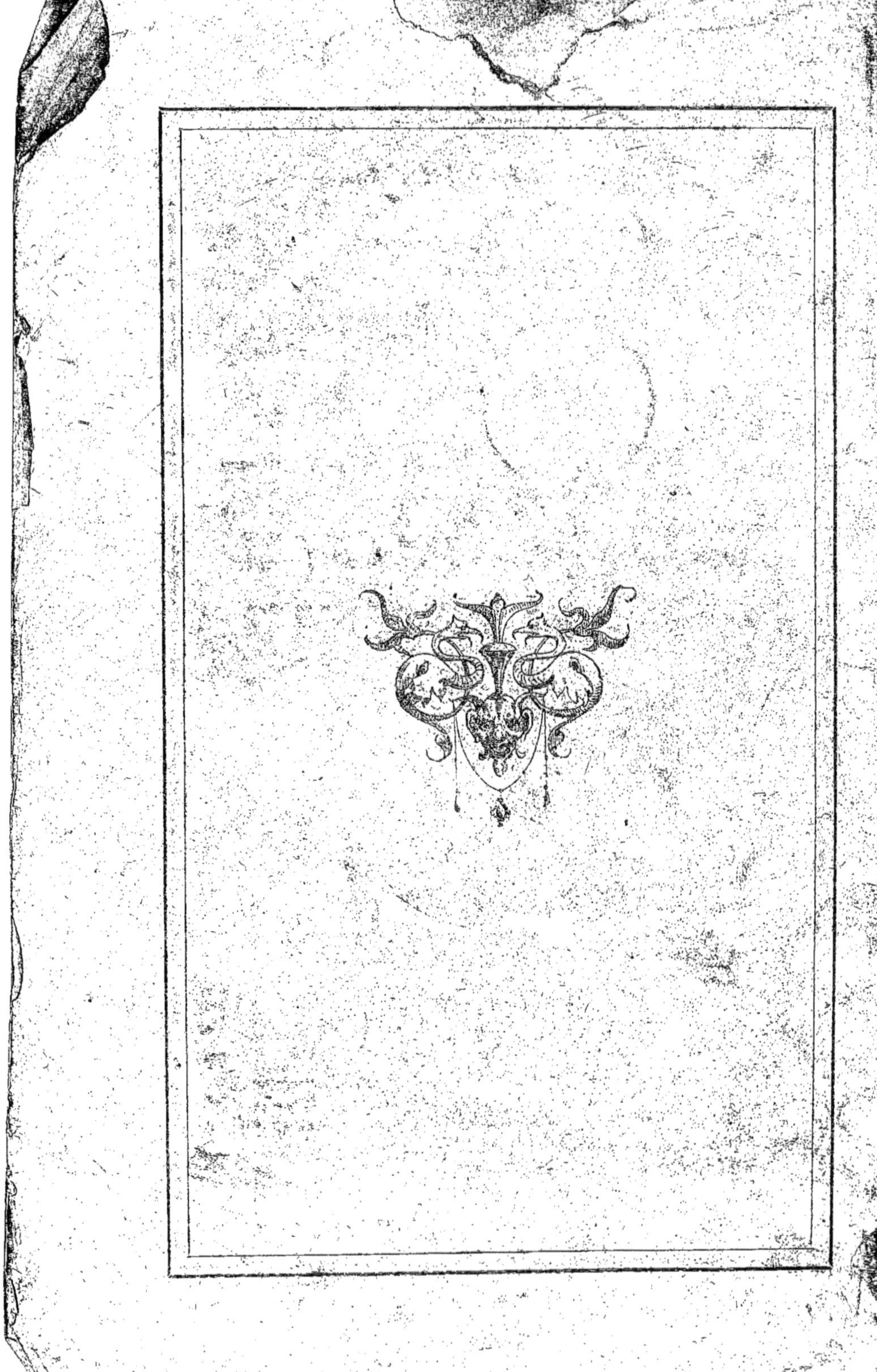